松下
三书

下书

03

与松下电器董事会成员（CFP 供图）

经营心得帖

在不确定的世界坚实发展

[日] **松下幸之助** ◎著

孙曼　胡晓丁◎译

湖南人民出版社

图书在版编目（CIP）数据

经营心得帖 /（日）松下幸之助著；胡晓丁，孙曼译.
—长沙：湖南人民出版社，2015.7
ISBN 978-7-5561-0911-1

Ⅰ.①经⋯ Ⅱ.①松⋯ ②胡⋯ ③孙⋯ Ⅲ.①松下电气
工业公司—工业企业管理—经验 Ⅳ.①F431.366

中国版本图书馆CIP数据核字（2015）第137831号

著作权合同登记号：18-2015-067

SHOBAI KOKOROE–CHO © PHP Institute, Inc. 1973
KEIEI KOKOROE–CHO © PHP Institute, Inc. 1974
JISSEN KEIEI TETSUGAKU © PHP Institute, Inc. 1978
All rights reserved.
Original Japanese edition published by PHP Institute, Inc.
This Simplified Chinese edition published by arrangement with
PHP Institute, Inc., Tokyo in care of Tuttle–Mori Agency, Inc., Tokyo
through GW Culture Communications Co., Ltd., Beijing

经营心得帖

作　者	［日］松下幸之助	
译　者	孙　曼　　胡晓丁	
出 版 人	谢清风	
责任编辑	胡如虹	
封　面		

出版发行	湖南人民出版社［http：//www.hnppp.com］	
地　址	长沙市营盘东路3号	
邮　编	410005	
经　销	新华书店	
印　刷	北京嘉业印刷厂	
版　次	2015年6月第1版　2020年1月第2次印刷	
开　本	880mm×1230mm　1/32	
印　张	9.25	
字　数	141千字	
书　号	ISBN 978-7-5561-0911-1	
定　价	38.00元	

（如发现印装质量问题请与出版社调换）

下篇
实践经营哲学 · 207

上篇

经营心得集

去年，当汇集我迄今为止经商之道即时感受的小册子以《商业心得集》为名问世时，出乎意料地得到了众多读者的厚爱。同时，也收到了许多热心人的意见和感想，还有人建议，是否可以略微换个角度出一本续集。于是，结合当今的形势，我以不景气或者困难时期的经营心得为中心，写出了这本自己的感想汇编。

毋庸讳言，经商或者经营是非常复杂深奥的事情，因此要做好异常困难。不过，从另一角度出发，又可以认为它是非常容易做到的。之所以这么说，是因为所谓经商，是建立在社会需求，同时也是世人诉求基础之上的。因此，可以说，经商的根本之道，应该是竭尽诚意，坦诚回应世间的呼唤和人们的心声。55 年来，本人始终是以这样的心境维系着对松下电器的经营。

希望各位读者带着这样的基本认识阅读本书。如果本书在今天能够给大家带来些许参考，本人将不胜荣幸。

01　经营心得之林林总总

充分发挥人的才干

今天，经营力在推进商业活动时所具有的重要性进一步被社会认识。不过，经营力的重要性并不仅仅局限于商业活动。

假设有一家研究所设施完备，人才荟萃。但仅凭这些条件，就一定能研发出伟大的成果吗？我认为未必如此。要做到这一点，还必须拥有能够使完备的设施和优秀的人才各尽其用的严格的运营方式。换句话说，这就是经营力。只有做到这一点，科研人员才能心情舒畅，充分发挥自己的才干，做出杰出的成绩。再说医院，只有具备了强大的经营力，每位医生才能焕发活力，在各自的治疗领域施展才干。

如果缺乏经营力，即便得到了杰出人才，也无法使他们发挥出全部的力量，反而只会让他们感到怀才不遇。因此，无论是公司还是店铺，必须拥有与自身状况相适应的经营力。

那些可称之为主人公，也就是居于经营立场之上的人拥有这样的经营力。不过现实之中，并非每位经营者都能具备这样的素质。但如果因此就得出其公司或者店铺一定经营不善的结论，也是错误的。

　　我们可以回顾一下过去。历史上，身为一国之君，同时自身又拥有极高经营力的人，并不是很多。但他们的国家是否全部因此走向衰败了呢？当然不是。在缺乏经营力的帝王统治之下的国家中，有的也能繁荣昌盛。这是因为，帝王如果自己缺乏经营力，他们会只维持其既有地位，进而寻求可以替代自己治国理政的宰相，将国家的实际运营委托其操作。这样一来，国家可以保持基本稳定。这也是一国之君的责任。

　　公司与店铺的经营同样也是如此。要是主人公自己的经营力不足，可以寻求合适的领班。可以说，只要不忘经营力的重要性，通向成功的道路就不止一条。

抱有兴趣

经营或者经商的方式可以说不胜枚举，而改进的余地同样不胜枚举。就拿技术而言，如今可谓是实现了真正意义上的日新月异。新的发明创造每时每刻都在出现，说得极端些，昨天还是最前端的东西，今天可能就已经过时了。

因此，销售方式、广告宣传方式、人才培养方式等等，应该改进之处不一而足。此前发展一帆风顺的企业，也绝不能就此认为可以高枕无忧了，它们需要完善之处尚有很多。因此，我们必须不断转变思维方式，经常将新生事物引进到经营或者经商之中，推行必要的变革。

可以说，必须永远保持这样的变革心态。能否做到这一点，关系到一家公司或者店铺的业务是持续发展还是停顿衰竭。由此想来，可以说经营是一件非常有趣的事，它是在众多想法、做法的推动之下，按步骤开展起来的。

这里有一点很重要，就是当事者是否对经营抱有兴趣。

无论是经营方面还是技术方面，都存在无数可以改进之处，发现这些改进点，然后发挥聪明才智进行创新，是其乐无穷之事，哪怕不睡觉也要去完成，要是抱有这样的认识和想法，就一定可以成功。而要是对此毫无兴趣，甚至觉得这是一件苦事，那肯定一事无成。

改进之路没有终点。不过，能否完成改进，取得成果，最终取决于我们对自己的经营、经商活动抱有多大的兴趣。

通过电话谈工作

60 年来，我分别以总经理和董事长的身份从事着经营活动。自年轻时起，我一直体质羸弱，经常疾病缠身。所以，相较于第一线，我更多的是在后方督战。

因此，很多工厂和营业所我都未能亲自前往，大多情况下，我都是通过电话开展工作的。我会给工厂负责人去电话，了解最近的情况，询问是否有什么问题。要是有问题，就告之对方自己的想法。当然，如果是研究产品，打电话的方式就行不通了。那时，我会让具体负责人来一趟。不过总体而言，我一般是通过电话解决问题的。

有人会觉得这种方式不太靠谱，但我认为只要持之以恒，就会有成效的。

我们周围有不少精力充沛的经营者，他们会凭借旺盛的精力走遍工厂的每一个角落，在现场坐镇指挥，并取得了出色的业绩。但并不是所有情况都是如此。有些企业的经理哪怕一刻不停地到处奔波，经营也未必能够顺利开展。

因此，想来我的这种方式说不定更能提高工作效率。要是亲自前往工厂，首先需要时间。好不容易来一趟，站着说几句就走自然不行，这就又要消耗掉自己和工厂负责人更多不必要的时间。但如果换成电话，一般十分钟就可搞定，既省却了自己来回的时间，也不会占用工厂负责人更多的精力。

当然，如果能去工厂亲眼看一看，可能效果更好，而且还能给员工带来"总经理来看望我们啦"这样士气上的提振。所以，不能冒然说哪一种方式更好。

票据是一种私制纸币

经济一旦过热，日本银行就会采取金融紧缩政策。这样一来，各家店铺、公司手头的资金周转就会出现困难。此时，应该怎么办呢？

此时，采取减持股票，或者请求经销商尽快支付货款之类的做法，反而可以将经营引向健康的方向，取得令人满意的成果。

然而，此时普遍的做法却不是这样，反而是延长支付期。比方说，过去一直用现金支付的，现在变成了票据支付；过去以90天票据形式支付的，现在变成了100天、120天的票据。这种方式不仅对于经营体自身而言极不健康，对于整个经济界而言，一方面国家进行金融紧缩，另一方面企业却在实施支付宽松，这样一来，是不能取得充分的成效的。

进一步思考，今天我们使用的纸币，是日本银行结合不同时期的经济状况适当发行的。如果伪造纸币，必将受到法律的严惩。然而，票据尽管不像纸币那样可以随处通用，但某种程度上却可以用来购物，可以用来支付。这不就成了一种私制纸币吗？在一次次的背书之后，它们可以一直辗转通用下去。假如有 1 亿日元的票据，辗转 10 次后，其效果就等同于发行了 10 亿日元的纸币。

这样的私制纸币，各种公司、店铺或多或少都会发行，而且其期限越来越长。想来这样的情况非常可怕。一旦纸币发行量超过了经济需求，将会导致通货膨胀。正因为如此，日本银行对纸币发行一直是严格管控的。但与此同时，所谓的私制纸币却不断发行流通，管控又怎么会有效果呢？

而且，当一家企业的经营走进死胡同时，票据泛滥很可能会导致其他企业多米诺骨牌式的连锁破产。

控制票据发行，很大程度上需要期待政治的力量，同时，我们这些作为从事经营的人，也应该对此充分认识，严防票据恣意发行及其长期化的发展。

做让自己完全放心之事

我认为，在开展经营活动的时候，不做无谓的妥协，也就是只要还存在没有让自己完全放心的问题，就绝不忙着动手，这一点非常重要。

假设某种产品现在有大批量订单，如果不马上拿下，今后可能再也拿不到了。但这种产品在品质方面还有一点不能让自己放心。此时，应该怎么办呢？

由于存在可能再也拿不到如此大批量订单的顾虑，这种情况下一般人容易妥协。这是人性的弱点，也可以理解。不过，这么做的结果往往是失败。

因此，平素就要拥有这样的意识，即无论订单来自何方，只要自己还没有完全放心，就绝不接单。而同样重要的是，不仅自己需要拥有这样的意识，也要充分向自己的下属灌输这样的意识。

在此基础上，我们可以期待自己的成果完美无缺。当然，既然是人做出的成果，在现实中就一定存在某种极限。但如果不坚持只要自己不完全放心就坚决不动手的基本态度，随着事业规模变大，涉及产品数量变多，可能会无暇应对。现实中，有些公司这方面的意识非常强烈，由此事业兴旺发达。这些公司只要产品存在一点瑕疵，无论什么人发来多少订单，或者无论公司经营处于何种状况之下，都绝不会发出一件产品。为此，他们坚持即便会被竞争对手超越也在所不惜的方针，始终期待自己生产的产品完美无缺。

此外，这些公司在坚持既定方针的基础上推进经营活动，同时，也为将来万一需要以与之相悖的方针开展经营考虑好了应对之策。不过，我认为我们还是应该首先从基本的，也就是从让自己完全放心的事情开始做起。

投诉中的商机

我在担任总经理和董事长期间，经常直接收到需求方的来信。其中有一些是鼓励表扬的，而大部分都是发泄不满，也就是投诉或者谩骂的。不过在我看来，鼓励表扬的来信固然可喜，而发泄不满的来信更为可贵。

有个例子可以很好地说明这一点。一次我收到一封大学老师的来信，反映他们学校购买的我们公司的产品出现了故障。于是，我立即责成产品销售的最高负责人前往处理。因为出现了故障，对方显得非常生气。不过，那位负责人去之后诚心诚意说明了情况，并采取了恰当的处置，最终，对方不仅转怒为喜，反过来还热情地告诉负责人说他们学校哪个系哪个专业也需要同样的产品。投诉之后真诚应对，从中产生了新的商机。

收到投诉是一种难得的机遇，其中蕴含着机缘。那些不投诉的消费者，最终往往不会再购买我们的产品。而将不满宣泄出来的消费者，当时可能不想再买，但我们派人前往处理后，他们会认可我们特意上门的诚意。因此，很多情况下，我们的处理方式反而会带来机缘。

当然，当收到责骂来信时，要是放任自流，或者应对失当，双方的缘分就会彻底失去。所以，受到责骂时，应将其看成一种机缘，之后认真对待，查找引发对方不满的原因，诚心诚意进行处理。

遇到投诉时不排斥，而是将其作为难得的机遇加以利用，这一点非常重要。

被终止的技术引进

那是 20 多年前的事了。我们公司计划从美国引进一项干电池技术。那时身为总经理的我，在访美期间参观了对方公司的新工厂——当时号称世界第一的干电池工厂。的确非常震撼，生产实现了半自动化，井井有条。我们松下电器某些方面也比较领先，但综合对比后，感觉到了明显的差距。于是回到日本后，我们立即决定与对方开始进行技术引进谈判。

同时，我邀请对方来日考察，并陪同其参观了我方的工厂。双方的磋商一直比较顺利，但进入最后的价格谈判阶段，却戛然而止了。这是因为对方提出，希望我方支付 2% 的技术指导费。这个数字本身并没有问题，问题是这一数字并不仅仅针对干电池本身，还包括了使用干电池的手电筒。我方坚持认为手电筒与干电池无关，谈判因此陷入僵局，我自己也有些进退两难。就在这时，我方的一位技术负责人说话了。

"总经理,我看这项技术别再引进了。这些钱,不如放在科研上,我们一定可以研发出更好的产品!"听了他的话,我说道:"话虽这么说,但你要知道,从现在起开始研究,要花费多少时间呀!对方要是有好的技术,直接引进,不是事半功倍嘛!如果我们自己研究,却又生产不出好的产品,又怎么办呢?"听了我的话,这位负责人激动地说:"不,总经理,我发誓一定能研究成功,就让我们试试吧!"

既然他这么说,我也表示:"既然你这么有信心,那就这么干吧!"于是,公司决定就此终止引进技术的谈判,改为自主研发。这位负责人身先士卒,其他人员也抱成一团,努力攻关,最终研发出品质超过美国的产品。其后新产品不断研发成功,现在,我们的技术反过来实现了向其他国家的输出。

当时,技术引进谈判要是轻易达成协议,我们可能就没有今天的辉煌了。从这次经历可知,经营的玄机或许是人的智慧所无法掌控的。

带着愉悦的心情工作

企业之间开展经营活动时，重要的要素有很多，其中之一，是要带着愉悦的心情去工作。一个人如果觉得工作索然无味，或者经商不能让他开心，那么可以说，他的人生将是不幸的，他的工作也不会取得任何成果。因此，当一件工作摆在面前时，我们应该心情愉悦地去面对它。这一点极为重要。

如何才能让每个人都能心情愉悦？首先是必须做到人尽其才。同时，工作中还要带有"自己所从事的工作是为大家服务的好工作"这样的想法。要是自己的工作对他人没有贡献，也就是没有价值，那么愉悦的心情就很难培养。因此，从某种程度上说，自己以正确的经营理念为基础，开展适应社会需求的工作，是非常重要的。不过与此同时，人们也应该互帮互助，让他人同样产生愉悦满足感。

例如，从事销售的人希望努力提供让社会满意的商品，但如果从事生产的人生产的产品不符合要求，那么产品就卖不动，或者只能降价销售。这样一来，从事销售的人就无利可图，他们也就感觉不到自己工作的价值。因此，为了让从事销售的人树立信心，从事生产的人就必须主动培养这样的信念，即为销售人员提供生产后卖得掉的优良产品，让他们获得正当的利润。

此外，公司或者店铺的负责人向员工灌输正确的使命观，对于让员工带着愉悦的心情面对工作也是必要的。

而消费者或者需求方也要对生产者的使命和努力给予公正的评价，鼓励他们，帮助他们成长。

这样一来，如果每个人都能带着愉悦的心情工作，由此产生的成果将不可预知。

萧条时等待时机

前些年经济界处于整体萧条时，一位与我交往甚密的中小企业老板曾对我说过这样一番话。

"松下君，现在我那里可是有 400 多人在吃饭呀。近来经济不景气，工作量减少，我非常担心呀！"

我对他这样说道："你的担心我非常理解。这种时候，你自己首先不能惊慌失措。现在，空闲时间确实多了，但从长期来看，这又是必然的。看看我们周围那些破产的人，基本上，都是因为慌慌张张去寻找其他业务。这种时候，实际上大家都没活可干。当然，也有例外。不过，这种例外一定伴随着降价，而且是超过底线的大降价、大甩卖。或许有人会觉得，这也比让员工游手好闲强，但这么做的结果，大多是失败！"

我是这么说的，而且，我认为自己说的是有道理的。看一看那些举步维艰的企业。一旦大多数业务停顿了，很多企业往往焦躁不安，就算亏本也想拿订单。亏本拿到的订单价格自然便宜，结果，反而造成了更大的损失，导致企业破产。

相反，那些不勉强自己，抱着"出现闲暇是不可控的，也是暂时的。应该利用这一机会，将应该整改的地方改好，将平日容易懈怠的服务完善好，将应该采购的设备充实好"心态的企业，不仅不会衰退，反而会觅得发展的良机。

闲暇时放任员工游手好闲是一种浪费的想法在某种程度上可以理解，不过，慌忙之中要是把手伸向不需要的地方，最终不仅可能白白付出人员工资，也将会致使企业蒙受不可挽回的损失。

虽说做起来难度极大，但还是应该拥有这样的心态，即萧条时应该休养生息，以待时机。

字 号

过去，经商者非常看重"字号"这个东西。说到字号，马上会让人联想起一家商铺的信用度。也就是说，如果顾客对于某家商铺的东西会毫无顾虑地放心购买，那么这家商铺就在顾客中树立了威信。

因此，每家店铺都重视字号，努力不给字号抹黑。过去所谓的"开分店"的待遇，并不是随便什么人都能享受的。只有那些几十年如一日勤勉努力，绝对不会做出有损总店字号荣誉的人才会被允许开分店。也就是说，所谓的"字号"，是在长期善待顾客、提供优良产品中不断积累起来的努力与信用的凝聚。所以，要是没有字号就开设新店，几乎是不可想象的。也就是说，过去是通过字号来维系经营活动的。不过，今天的情况发生了变化。虽说在维持信用、善待顾客的重要性方面，过去和现在是一致的，但今天，社会发展的步伐异常迅猛。过去，即便经营方面存在某些欠缺，某种程度上还可以通过字号来维持，但今天，这样的情况已经不被允许了。也就是说，仅凭字号就能包打天下的时代已经一去不复返。如果一家企业欠缺实力，欠缺合适的业务，就算拥有大名鼎鼎的字号，也将无法生存。这就是新时代的要求。

字号的信用自然非常重要，不过，长期以来历经千辛万苦积累起来的信用，可能在一朝之间就会土崩瓦解。这就好像修建一栋房屋需要一年，但拆掉它仅仅需要三天。

因此，经营活动再也不能吃字号的老本了。我们需要做到的是，时刻切实掌握并不断满足顾客的诉求，并以此追求在服务中时刻积累的新的信用。

进货时的一个要领

如果想把一件产品的生产成本降低 10%，首先，自然要实现包括其自身制造工艺在内的合理化，以便进行成本控制。而与此同时，有时也会向自己原材料和零件的供货商提出降价请求。

那么，应该如何向供应商提出这样的请求呢？直截了当地要求其降价 10%，是一种方法，不过，我不会采取。这种时候，我会首先向对方表明，公司打算把这件产品降价 10%，以便让更多的消费者使用，在此方面希望得到贵公司的协助；之后，我会询问对方说："不过，我不希望贵公司因为降价而蒙受损失。如果降价，贵公司是否还能维持收益？"如果双方沟通充分，一般情况下不会有问题。但有时对方也会说："不行，要是降这么多，我们就无钱可赚了！"

遇到这种情况，我会请其详细说明无钱可赚的具体原因。要是我心里还不踏实，还会请对方安排我参观他们的工厂。

在工厂里，我会与对方一起研究，看看哪些地方改进后可以更好地控制成本。通过这样的沟通，供货方最后完全放下心来，降价由此成为可能。

而最终的成效还不仅仅局限于实现了降价的目标。对于我们公司，对方也心怀感激，因为我们并不是只想着自己，还站在他们的立场上，为他们的利益着想。由此产生配合意识，即便我们没有提出要求，他们也会多方努力改进工作，主动降价。

实现与供货方同甘共苦很重要，这也是进货时的要领之一。

提高信誉促销法

这个故事的主人公是一家企业。这家企业想把产品打入西德市场，于是派相关负责人前往西德。他们产品的质量非常出众，绝不逊于世界上任何一家企业。这也是他们决定出口的重要原因。

到西德后，这位负责人开始与当地一流的代理商进行谈判。当谈到价格问题时，他提出，希望自己产品的定价与德国评价最高的一流产品相一致。对此，对方表示："这个定价太高！其他日本的产品价格都比我们德国的低15%。来自同一国家的产品，别人低15%，你们却要和德国一流产品相同，这是不可能的！"在某种程度上，对方说的话也有一定道理。不过，这位负责人听后并没说"那好吧"，而是这么说道："您说得很有道理。不过我们的产品在品质上绝对不逊于贵国一流的产品。所以，销售时价格一样，不也顺理成章吗？当然我也知道，现在我们的产品在贵国国内还不是非常有名。

所以，拜托贵公司销售时，需要附加'这是日本的一流产品'这样的说明。因此，定价时我们愿意比贵国的一流产品低 3%，以此作为贵公司的说明费。"对方听后笑了："我还是第一次听到来自日本的朋友说这样的话。你们的意思我已经完全听懂。好吧，本公司很荣幸成为贵公司产品的代理方。"双方就此实现合作。

这个故事很有意思。相同的日本产品，在价格方面，有的比德国产品便宜 15%，有的却与德国产品的售价完全相同，只是向对方出让 3% 的利润作为说明费用。这让对方非常满意，据说产品销售情况良好。

直到现在，日本产品的价格变动都异常剧烈。最初标价 100 日元，之后变成 90 日元，接着又变成 80 日元。如此低价抛售不仅让企业信誉扫地，不少经销商同样表示，他们也无法放心代销。

而这家企业的做法不仅消除了代理商的顾虑，还提高了自身的信誉，取得了超乎预想的销售业绩。

这不禁让我深表钦佩：原来世上还有这样的经营之法呀！

依靠自有资本

随着经济的衰退，破产企业的数量会逐渐上升。其中让人感触最深的，是破产企业惊人的负债数额，这是战前难以想象的。战前，一家注册资金为 1000 万日元的企业如果破产了，它的负债额可能会达到 2000 万日元，甚至 3000 万日元，也就是注册资金的两到三倍。这已经非常严重了。

然而在今天，一家注册资金为 1000 万日元的企业破产了，它的贷款金额有可能会达到 2 亿、3 亿日元，也就是注册资本的几十倍，但这似乎很平常。

这将使得企业经营变得异常脆弱。当经济形势尚可时，问题还不是很突出。但一旦遭遇哪怕一点点金融紧缩，它们的资金周转都将出现困难，导致轻易破产。而且仅从利息的角度而言，负债也会让他们的利润大打折扣。

当然，迄今为止日本的公司或者店铺喜欢举债经营，原因之一便是战败致使日本企业都陷入既无资金，也无物资的境地，除了相互之间提供债务服务，别无他法。不过，那应该仅仅是战后不久的非常时期的现象。今天依然靠借钱过日子，是不被允许的。因此我认为，从现在开始，必须改变经营方式，不靠借钱，而是依靠储蓄起来的资金，也就是自有资本开展经营，维持业务。

话虽这么说，实际做起来是很困难的。为了能用自己的钱开展经营，必须获得相当的利润。但企业之间存在竞争，因此不可能通过提高价格追求高利润，因为那样一来，就不会有顾客购买自己公司的产品了。

所以归根到底，只能开动脑筋，悉心钻研，通过降低成本，或者向顾客提供无微不至服务的方式来实现这一目标。如果这种方式能够成功，顾客自然满意，自己也能获得正当的利润，经营体制也将从根本上得到改善。

只要下决心将依靠自有资本经营的方式坚持到底，一切都将成为可能。

在可以提供服务的范围内开展经营

一件产品无论有多好，如果没有良好的售后服务，是不能让顾客真正满意的。服务存在缺陷的产品，只能招致顾客的不满，反过来影响产品的声誉。

从这个意义出发，我认为，服务应该高于生产和销售。如果对于销售的产品无法提供全方位的服务，必须考虑将经营缩减至可以提供服务的范围之内。

假设现在某家公司有五项业务。如果五项业务都能提供充分的服务，则全部可以开展。要是没有这样的实力，就应该大胆地将它们减为三项，以此期待工作和服务层面都实现完美无缺。否则，作为生产者和销售者就无法真正履行对于顾客所应该履行的责任。

因此，在扩大业务时，必须充分具备这种责任感，经常扪心自问：自己是否拥有可以提供与之相匹配服务的实力？要是所幸拥有这样的实力，可以放开手脚去干；要是服务之中存在任何一点让自己不放心之处，哪怕是再好的业务，也绝不贸然出手。如果贸然扩张业务，即便开始时一切顺利，最终也会因服务不周而招致顾客的不满，最终走向失败。

　　由此可见，所谓服务，是任何经营活动所必需的附带品。因此，无论什么情况，都必须在可以提供全方位服务的范围内开展经营。只有这样的经营态势才是扎实牢固的，在此基础上，才能带来经营的发展。

独立自主的经营

近来，人们经常提及厂商流通过程系列化这一问题。也就是说，不管是批发商，还是零售商，他们不再经销多家厂商的产品，而是只经销一家的产品。

随着社会的发展进步，品种繁多的各类新产品不断涌现，经营也随之变得复杂起来。因此，以一家厂商为中心，集中精力开展经营，有时不失为一种可以减少浪费的简单明了的方法。除此之外，厂商与批发商及零售商的关系也会变得更加密切，向需求方提供的服务也会更加充实。从这个意义上说，所谓的系列化，可以认为是一个进步的过程。

但这并不是说，只要进行了系列化，所有店铺的经营都能一帆风顺。当然，这其中有店铺主人自身的经营能力问题，但更为重要的是，这家店铺开展的是否是自主经营。

之所以提出这个问题，是因为如果一家店铺经销的是多家厂商的产品，那么这家店铺的主人自然会将其活动看成自己的经营。在采购产品时,会结合自身实力和市场情况订货。由于是自己的经营,无论是采购还是销售,他都会根据自身实力和思考做出判断,推行的也就是一条自主经营的道路。

不过,要是仅经销一家厂商的产品,容易滋生子公司式的思维方式。这样一来,独立经营的意识就会削弱。就拿进货来说,一旦厂商告诉他们"这个月分配给你家商铺的额度是这么多,请一定销售出去",那么,就算他感到吃力,也会觉得"既然厂商这么说了,按他们要求的去做就是了"。不过,当出现销售不理想的情况,他又会想"这额度是厂商分配的,卖不掉就退给他们",因而产生依赖思想。

长此下去,店铺的经营越来越脆弱,最终不仅自身一事无成,对于消费者也是百害而无一利。这么一来,系列化反而成为店铺发展的障碍。

因此,对于批发商和零售商来说,应该树立"通过经销一家厂商的产品,实现充实经营实力、满足消费需求目标"的意识,在自主经营方面付出比过去更大的努力;而对于厂商来说,则应该抛弃"只要实现系列化,产品就能够比过去更容易卖出去"的简单思维,培养起帮助经销商实现自主经营的责任心。

只有这样,通过帮助经销商提高自主经营意识,树立自主经营信念,经营才能产生真正的成效。

让获利得到认可

在日常经营中，赚到正当的钱，也就是获得所谓的正当利润，是非常重要的。只有正当利润得到保证，一家店铺才能获得发展，进而提供可满足更多人需求的服务。同时，通过把大部分利润作为税金缴纳给国家的形式，也可为整个社会的繁荣做出贡献。从这个意义上来说，获取正当利润，可以说是国民的一项崇高义务，也是责任。

因此，作为经商者，必须一直坚持这样的信念："追求正当利润是自己崇高的义务，是一名社会人需要不折不扣履行的责任"，并且为之付出日积月累的努力。当然，在从事经营活动时的一个基本原则，是要把优良产品以尽量低廉的价格提供给需求方，以换取他们的欢心。为此，在日常经营活动中，需要不断进行工艺创新，实施能够让产品推陈出新、销售得更有成效的措施，并提供全方位的售后服务。

与此同时，一定不能忘记获得正当利润的重要性。否则，将发生诸如廉价甩卖之类的所谓过度竞争，致使自己及他人走向贫困和混乱。

我们不仅自己要珍惜正当利润，还必须让自己的观点得到经销商以及社会其他人士的认可。否则，就算我们自己再重视正当利润，如果得不到别人的承认，也没有任何意义。因此，一旦有机会，就应该充分宣传正当利润的重要性。只要我们不断努力，满怀真诚和热情地耐心宣传解释，我们的观点就一定能够为世人所接受。因为重视正当利润的认识，是能够给包括单个企业在内的整个社会带来繁荣的保障。成功地让世人接受这样的观点，是促使能够满足人们和社会需求的真正的商业活动成为可能的真谛之一。

无形的契约

企业之间开展业务和经营活动时，通常是一方接受另一方的所谓预约式订单，然后在此基础上进行生产或者销售。尤其是对于公司和店铺来说，这种情况几乎占据了绝大多数。不过，一般情况下，可满足广大顾客自由购买需求的所谓预测式销售、预测式生产的方式，似乎比这种预约式订单更为普遍。就拿我的公司来说吧。现在，公司每年生产销售产品的金额高达 10000 亿日元，几乎全部都是在没有预约订单的情况下，在市场上供顾客自由选购。

有人会认为这种做法风险极大。因为没有任何订单，生产出的产品就没有销售保障。而如果真的销售不掉，自己也无法向任何人宣泄不满。因此，要说没有把握，确实没有把握；要说心有不安，确实忐忑不安。

那么，如何才能做到保证产品既不会出现库存，也不会出现供不应求的情况，也就是实现生产销售都刚刚好呢？这确实是一个难题。对此，我是这么认为的：

　　确实，这里既没有预约式订单，也没有其他形式的契约。不过，生产者与购买自己产品的社会消费者之间，存在着一种看不见的无形契约。这一契约以社会消费者可以随时随地买到生产者的产品为前提。消费者的这一诉求或者需求可以解释为一种无形的契约，由此，生产者和销售者就必须拥有随时都要根据消费者的希望提供产品的责任感。

　　因此，企业扩大生产和销售，增添设备，开设新厂，并不是盲目的行为。尽管并没有接到任何的预约式订单，但他们的行为却可以解释为将更多消费者对某一产品的需求当作一种预约式订单，进而本着与真正签下生产销售订单完全一样的心态，站在责任感的高度之上，为履行这一订单而努力。如果上述解释能够成立，一种坚定的信念就会自然涌现，强大的经营力量也会应运而生。

　　我自己始终如一地坚持这样的信念，在经营活动中不断探索自己所理解的无形的契约。通过这样的探索，在最初的3000万日元，之后的5亿日元，进而100亿日元、1000亿日元的经营业绩增长过程中，总能实现既无不足，也无剩余的供给目标。

　　世界日趋复杂，生产和销售上的各种"疑难杂症"不断涌现。正因为如此，提高企业对这种无形契约的认知程度，培养他们作为供给者责任感的重要性才更加突出。

地震损失带来的改善

新潟曾发生过一场大地震，当时大量建筑和桥梁被毁，普通市民，还有众多企业，都蒙受了巨大损失。

我们公司在当地也设立了销售部门，因此损失同样惨重。不过，当我听到损失汇报时，还是颇感震惊，因为数额太大了。

如果我们在新潟设有分工厂之类的生产部门，蒙受如此大的损失，某种程度上也属于无奈。不过，仅仅销售部门就遭受如此的损失，数额确实过大。而且，随着深入了解，我了解到公司向新潟的发货数量超过了需求，从而在当地形成了积压。因此，如果发货及库存数量都恰如其分的话，如此大的损失完全可以避免。

平时，当我们遭遇天灾时，往往因其是不可抗拒之力而感到无可奈何。尤其是地震，现在的科学技术尚无法准确预测，因此其导致的损失更容易被认为是无法挽回的。不过仔细想来，天灾自然无法回避，但由天灾所导致的损失大小，难道不是可以通过经营方式进行调控吗?

但这都是后话了。由于新潟出现了这样的问题,我们对日本全国的销售部门进行了排查,发现大多存在同样的情况。显然,这样下去是不行的。经过多方商讨,我们进行了各种改进,最终,在经营体制转变上取得了成功。

如果当初不发生地震,库存过剩问题就可能长期被人忽视而不会引起注意,也不会有任何形式的改进。而正是地震这样的大灾难,反过来成为我们改进工作、取得突出成效的重要因素。

可以说,这正是经营的奇妙之处。

严格的经销商

在经营过程中，会遇到各种各样的经销商，有的催货时异常严格，有的则比较宽容。

比如，有的经销商在订货后，会催你赶紧发货。就算你答应尽快把货送到，但发货总需要一定的准备时间。你首先考虑第二天发货，而碰巧第二天正好有一单发往这个地区的快递，你就打算顺便一起发出。不过到了第二天，另一地区出现紧急情况，不得已需要优先发货。于是，你又会决定把前一天的货顺延一天，再找其他便车一起发出。现实中，经常会碰到这种情况。此时，如果对方对你遇到的突发情况表示理解，发货时间推迟两天也没有太大关系。

不过，有的经销商却不是这样，他们会再三来电话催促。

"刚才我订的那批货，赶快发过来呀！""我们打算明天给您发过去。""不行，明天就来不及了，今天马上发过来！""今天发不了呀！""别和我说发不了，这次想办法也得给我发过来，我已经焦头烂额了！"遇到这种再三电话催促的主儿，只有重新再找其他的快递公司发货。

正是由于受到这样严格的催问，我们才逐渐意识并深刻领悟到，经销商只要下了订单，一定希望自己订的货马上就能送到。我们就此懂得，即便是普通的订单，对于订货方而言也是重要的，他们时刻都在盼望货能早一点送到。因此，无论怎样的订单，都应该在第一时间迅速组织发货。这样不仅可以提高自身的信誉，也可以拓展商机。

最终，严格的催问将催生企业发展进步的动力。由此可见，严格的经销商也是一笔宝贵的财富。

消除不良

这个案例发生在一家汽车公司。为了进行生产，这家公司需要采购各种零部件和原材料。据说，他们在支付采购费用时，会从总货款中扣除一部分金额——居然是电话费！当然，最初订货时的电话费是由该公司支付的，而一旦对方未能及时发货导致该公司不停催促，或者因发来的货出现质量问题而引发索赔，由此产生的电话费，该公司认为应由对方负担，所以从总货款中进行了扣除。

此外，另外一家机械公司在支付货款时也扣除了某项金额。具体而言，就是如果收到的零件出现了质量问题，他们将根据比率对供货商科以罚金。如果产品出现质量问题，退货是天经地义的。不过，如果有 5% 的产品存在质量问题，这家公司并不仅仅只支付 95% 的货款就完事了，他们还要从总货款中追加扣除一定的数额作为罚金。与此同时，除了对方公司的财务部门，他们还会向对方公司的最高层进行通报。

　　这两件事让我感触很深。上述两家公司都是日本屈指可数的知名公司，他们对产品质量如此执着，让我既震惊又折服。

　　收取电话费也好，科以罚金也罢，恐怕这些做法本身并不是目的。他们是为了消除采购进来的原材料和零部件中的不良品，以确保自身的产品质量，在经过认真思考之后，才采取了这样的措施。那些存在质量问题的不良产品，并不是以退货的方式一了百了，退货本身也要耗费时间和精力。而且，众多零部件中只要有一个存在质量问题，一辆汽车就可能无法行驶，一台大型机械就可能报废。这就是质量问题的后果。

　　正是因为他们充分了解不良产品的隐患，所以才下决心一定要消除不良。在这种欲望驱动下，他们最终采取了罚金这样的方式，目的不就是为了让供货商提供百分之百的优良产品吗？

　　消除不良原本是供货方的责任。然而，采购方的所思所为也能起到促进作用。这就是我从上述两件事中得到的启发。

物质精神两方面的贡献

可以说，经营活动的使命在于大量生产及销售各种产品，由此丰富人们的生活水平。换句话说，其意义在于从物质上提高人们的生活水准。

不过，人们的生活，并非只要物质层面得到满足就可以万事大吉了。这里，同时还存在精神层面的丰富、心灵境界的提升这样的需求。只有二者都得到提高，才能实现真正的幸福。

从这个论点出发，我们的经营活动，不能仅以物质层面的丰富作为目标，必须同时兼顾精神层面的提升。当然，自不待言，社会生活中还存在着宗教、道德、艺术等各式各样的东西，它们在提高人们精神境界方面发挥着至关重要的作用。因此，说到经营活动，原则上只需以追求物质丰富为目标既可。不过，与此同时，经营活动也应该涉及追求精神丰富的目标，以及为实现身心健康的社会贡献自己的力量。

　　例如，在实践中努力培养良好的商业习惯和商业道德，就是一种助力行为。如果对于收款或者支付放松懈怠，那么，经营活动将会变得简单安逸，人们也会由此精神涣散，最终导致社会风气的恶化。因此，我们要充分认识到收款及支付的重要性，在日常的经营活动中相互提倡。这不仅仅是健康经营的体现，也有助于净化人们的心灵。此外，在贯彻自主经营的方针基础上实现互帮互助，也是非常重要的。

　　总之，尽管方式方法千差万别，但我认为，当今社会正在强烈地呼唤我们要为营造物质精神两方面都丰富的社会，做出我们经商者的贡献。

宣传的意义

我认为，生产厂商最主要的使命，就在于制造出真正能够满足人们需求的优良产品。可以说，如果做不到这一点，生产者存在的价值就无法体现。然而，并不是只要制造出优良产品就可以万事大吉了，必须通过某种方法，将自己的生产制造向社会广为宣传。

"各位朋友，本公司现已生产出一款好产品。只要您积极购买，必将给您的生活带来便利。"这就是一种宣传，也是厂商的一种义务。广告宣传的意义也将由此体现。正因为如此，我认为广告宣传绝不是为了推销产品而存在的，它的主要目的是要千方百计让广大消费者知道，一件好的产品已经问世。因此，它应该是一项神圣的工作。

可以说，厂商开展广告宣传，也是为了激发产品销售方的工作欲望，帮助其开展经营活动。这样一来，销售方通过直接或者间接将厂商提供的优良产品分配给需求方，可以从中感到一种使命感，从而更好地开展自己的经营活动。但要是厂商认为销售是销售方的事情，对广告宣传消极应对，销售方就会感到孤立无助，其经营活动也会软弱无力。相反，要是厂商积极开展广告宣传，销售者就会感到背后有强大的力量在支持自己，从而会以极大的热情投入到销售工作中，为履行自己的使命竭尽全力。

当然，其实不需要特别强调，如今每家公司都非常重视广告宣传。这是一个很好的现象。不过另一方面，也可以看到社会上存在为了推销产品而做广告、为了广告而做广告的情况。正因为如此，我才再次提出"广告宣传的本意何在"这个问题。

也要珍惜对方的时间

在日常的经营活动中，我们经常会招待他人，或者受人招待。这对于疏通人际关系，建立更加紧密的商业往来，都是很有必要的。

不过，这其中自然存在一个度的问题。之所以这么说，是因为抛开招待是否隐藏着某种不正当交易不谈，招待可能会出现由于占用对方的时间而导致不快的情况。大家全身心投入经营活动时，工作都是繁忙至极，分秒必争。所以，无端占用别人宝贵时间的行为要尽可能避免。

因此，当你碰巧在就餐时段走访代理商，对方向你表示"一起吃顿饭吧"时，你可以说"感谢您的盛情！不过您太忙了，我就不打扰了"，加以婉拒。当然，你也可以根据当时的情况表示："如果只是吃一碗面的话没有问题，正好可以利用这点时间把业务谈一下。"或者说："我是没有什么问题，但看您这么忙，还是先告辞了。您可以利用吃饭的时间继续您的业务,这也是对我最好的款待!"当然,不管如何表达,使用的措辞不能让对方感到失礼。这样表示后,对方不仅不会生气,反而会觉得你是一个考虑周到的人,从而增添对你的好感。

当然,这并不是说任何情况下都要拒绝对方。根据不同的时间和场合,也可以利用这样的机会与对方充分交流。这样的招待是必要的,也是允许的。

不过,绝不能就此认为招待是理所应当之事。从节约大家时间的意义出发,我们必须打破对招待的传统认识。

经营也需要说服力

为使经营活动取得成功，必须拥有强大的说服力。

假设有位顾客到你的店铺嚷嚷说："你们店的价格太贵了！同样的东西，别的店便宜 15%，你们店却只便宜 10%，真是岂有此理！"你会怎么做呢？要是你也降价 15%，店铺就有可能会关门，因此当然不能那样做。但如果只是简单地说句"不能再便宜了"，那顾客就会跑到别人那里去了。

因此，首先需要说服这位顾客："这个价格是维持本店生计的最低价格了。要是再便宜的话，本店就会亏本，我们就将一无所有。所以，只能请您按照这个价格购买了。不过请您放心，包括售后在内，我们一定会提供全方位的服务。"能否把产品卖出去，就看你是否能用自己的语言，准确地向对方表达出上述意思。

我认为，只有具备说服力的宗教才具有生命力。当然，这样的宗教首先要有令人折服的教义。不过，要是没有强大的说服力，教义再吸引人，它也终将会衰败下去。

同样的道理，甚至在某种程度上，经营需要更加强大的说服力。如果认为自己开发出来的产品一定是有利于消费者的好产品，自己的价格一定是最为适中的价格，就要怀着这种坚定的信念说服消费者购买自己的产品。"我们的价格肯定不高。如果降价，不仅我们的经营将无以维系，您的售后服务也无法得到充分的保障。别人的东西的确便宜，但却是便宜过头了！"只要把这样的道理用符合自己特点的语言说服消费者，我想消费者十有九人会产生共鸣。这是由人情决定的。

假如你无法说服对方，也就是无法让对方产生共鸣，说得苛刻些，这是缺乏商业道德的体现。这样做，最终损害的不仅是自己，也不利于别人。

今天，是时候以这种苛刻的眼光来审视我们自身了。

谦虚的自信

不管做任何事情，都必须拥有一个坚定的信念。开展经营活动更需如此。没有信念的经营，缺乏自信的经商，都是异常脆弱，很难取得成果的。因此，遇事之时，要根据不同情况提高自信的程度，以培养出坚定的信念。

然而，如果因为自信很重要，就盲目地拥有自信，却是不可取的。正确的自信，是建立在一颗谦虚之心基础上的。自信如果丧失了谦虚，就不能称其为自信，而是变成了一种自大。看一看现实中那些失败的人，他们身上往往都存在着一种倾向，就是缺乏谦虚、固执己见。与之相对的是，如果拥有一颗谦虚之心，自信会逐渐得到巩固，最终成为一种将事业引向成功的完美信念。

这一点对于身居领导之位者尤为重要。下面的人即便欠缺谦虚，只要身居领导之位者提醒他们说："你们的想法不对呀，这样下去可不行呀！"他们就可有所醒悟，并加以改正。

但身居领导之位者本身是很难有人提醒的。所以，他们必须经常自我反省，以谦虚的态度扪心自问。

一旦拥有一颗谦虚之心，就能看到别人的长处，也会认为自己的部下比自己更为出色。如果认为部下全是废物，那就过于高傲了。当然，要说全部也言之太过，其中肯定有人不如自己。不过，只要态度谦虚，这样的部下也可以发挥其所长，做到人尽其才。对于员工提出的正确建议可以马上采纳，这样一来，决策效率大为提高，工作也可以像流水一样有条不紊地推进。

希望每个人都能拥有和提高建立在谦虚这个基础之上的自信。

不能拘泥于预算

如果从资金层面看待国家运营，需要制定所谓的预算，并在其基础上开展各种施政，也就是国家将国民缴纳的税金分配给各个政府部门，维持其工作之需。预算如果得不到议会的批准是无效的。也就是说，一定数额的预算需要得到国民的同意，然后国家才能在其数额范围内开展工作。从这个意义上说，预算不能超出其原有的数额范围。

与之相同，在经营活动中，也有很多企业是根据预算开展业务的。这样一来，公司或者店铺的运营更有效率，取得的成果也更多。因此，从这个方面而言，根据预算推进业务也是值得肯定的。

不过，有一件重要的事情不能忘记。这就是，我们现实之中的经营活动是丰富多彩的，而不是被预算所驱动的。换句话说，预算是为经营活动服务的，而不是经营活动是为预算服务的。

　　如果是政府部门，既然必须在取得国民同意之后才能行事，因此他们要是说某项工作"没有预算"，多少还能得到谅解。不过，假设遇到战争等突发性事件，政府部门也可以通过特别预算加以应对。而我们所从事的经营活动，某种程度上可以说每天都处于战争之中。因此，以没有预算为由，拖延处理紧急事务的时间，是绝不能允许的。经营活动不能成为衙门式的工作。

　　这个道理不言自明，但在现实之中，犯这样错误的企业居然不在少数。于是，以没有预算为由，拒绝代理商的请求，或者不开展必要的广告宣传，这些现象随处可见。

　　然而，客户并不会因为你没有预算就耐心等待，他们会寻找其他的合作伙伴。

　　根据预算开展经营活动固然非常重要，但它终究只是自家内部的方式方法。而对于外部，必要时哪怕贷款也要干。开展丰富多彩的经营，需要这样的决心。

搏命式的认真态度

近来，经营活动所处的环境越发严峻。一方面，需要大幅度提高员工的薪酬待遇，另一方面，原材料和物价也在飞涨。而与此同时，商家又不被允许任意提高自己产品的价格，只能尽可能维持现有的价格水准，甚至在有些情况下还要降价销售。这些都是社会向企业提出的要求。

因此，在经营活动中，企业唯有尽量开源节流，提高生产效率和生产能力，以满足来自内部和外部的各种需求。

虽说这样的生产环境会因产业类型、企业性质不同而多少存在差异，但基本上任何地方都会受其影响。整个业界都在大幅度加薪，唯有你按兵不动，是不太可能的。

不过，大的环境尽管相同，但绝非每家企业都会为其所困。有的企业虽然给员工加薪10%到20%，但因为提高了生产效率，依旧生机勃勃；有的企业却是苦不堪言。有的店铺尽管把产品降价销售，可依旧能够保证正当利润；有的店铺价格虽高，却仍然赔本。上述现象在同行之中随处可见。

这样的差距从何而来呢？一言以蔽之，关键在于一家企业是否具备紧迫性和洞察力。如果一家公司预测到下一年必须把员工薪酬提高到某一水准，并由此做出相应的合理化安排，那么，在实施加薪之前，相应的成本就已经被稀释掉了，即便加薪幅度再大，他们也能保证充分的利润。然而，我们经常看到的却是这样一幅松散的景象：因为要加薪了，才不得已为之。这下利润减少了，经营不下去了，又开始慌忙着手合理化安排。这种事后补救的做法，带来的只能是损失。对于经营来说，在这种事态发生之前就应有某种程度的预测，然后制定必要的对策，静待时机。

任何企业对上述必要性都会有一定的认识。之所以相互间存在差距，是因为有的企业就算认识到了，但仍然缺乏执行能力。或者说，他们只是认识到了，但还缺乏足够的重视。真正的经营，并不是仅靠伶牙俐齿或者脑袋好使就可以轻易成功。只有具备了搏命式的认真态度，心中才能产生什么时候应该怎样去做的灵动，为实现目标所应具备的强大的执行能力才能应运而生。

尽管做到这点非常不易，但时代已经向我们经营者提出了这样的要求。

02　人事心得之林林总总

不景气与人才培养

人心是个奇妙的东西。好的状态只要持续一段时间，疏忽大意、自我放松的情况一定随后出现。因此，自古就有"居于治而不忘乱"的说法，告诫我们即便身处和平时期，也不能忘记做好应对艰难困苦的心理准备。不过，即便有这样的告诫，容易安于顺境，仍是我们凡人的常态。

因此，一旦在现实中遇到困难，人们心中就会生出胆怯、畏惧。不过，只要认识到这些困难都是无法回避、必须克服的，可能就会激发出超常的智慧，付出更大的努力。只有这样，一个人才能真正做到成长进步，完成跨越式发展。

从这一意义出发，如果公司或者店铺只是注重在诸事万般顺利的情况下培养人才，是达不到充分效果的。困难之时、工作进展不顺之时，反而更加有利于员工的成长，才能培养出真正的人才。

不过，所谓困难的状态可遇而不可求。同时，如果公司或者店铺的经营活动一切顺利，本身是非常喜人的，完全没有必要刻意制造困难。

因此我认为，所谓的不景气之时，正是培养人才的最佳时期。当然，不景气本身是不受人欢迎的，而且从更深层次来看，我认为人通过自己的力量，是可以消除不景气的。不过现实问题却是，景气之后的不景气状况是无法回避的。

一旦出现不景气，企业将面临产品滞销、资金周转等困难。但困境来临时，不是一味怨天尤人地抱怨，而是以一种积极的态度去应对，将困难视为进行鲜活的员工教育的绝佳时机，又会是一番怎样的情景呢？

即便不景气来临，只要志向坚定，不景气就会成为培养人才，进而强化经营体制的绝好机会。

如果仅凭工作知识和经验

父母在教育子女如何做人时，有很多应该注意的地方。其中之一，就是首先要拥有自己的人生观和世界观，包括人类社会规范，人们正确的行为举止是什么，等等。尽管层次上存在差异，但我认为每个人都必须拥有自己的认识。

这种认识也是信念产生的源泉。不知不觉中，它就会反映在人的言行之中，并通过教育传导，把孩子们引向正确的方向。如果没有自己的见解，只是对孩子们空洞说教，是无法真正把他们培养成人的。

此道理也同样适用于公司或者店铺。如果希望培养出真正令人满意的人才，其公司、店铺的经营者本身，首先自己要具备坚定的价值观、事业观和人生观。在此基础上，才能生发出对这家公司或者店铺的使命感。

其后，应该这样教育员工："我们的公司肩负着这样的使命。履行这一使命的过程，体现了我们公司存在的意义。

所以，希望各位充分理解这一使命，为履行这一使命做出最大的努力！"听到这样的动员，员工们也一定会人心激奋，表示："公司原来拥有这样的使命呀！看来我们每个人的付出，并不是为了我们自己，而是为了履行这一崇高使命。好吧，让我们一起努力吧！"这样一来，在潜移默化之中，合格的人才便应运而生了。

要是没有这样的使命感，只是没有目的地盲目工作，虽说一个人的工作知识和经验会随着时间的推移而增长，但其为人方面的成长一定有所欠缺。

如今，公司或者店铺的经营面临的形势越发严峻，正因为如此，使命感的重要性才越发突出。

高看部下

我本人自知才疏学浅，缺乏起码的本领，属于极其普通之辈。然而世间却有人评价我是"经营得力""用人有方"，对此我是受之有愧。不过，被人这么说久了，我还是不由得认真思忖了其中的缘由，并由此意识到，这是因为我能够做到高看每一位部下，认为他们每一个人都比我有学问、有本领。

当然，久居总经理和董事长之位的我也会时常责骂部下"你这个废物"，把他们说得一文不值。不过，我是从总经理或董事长的立场出发训斥他们的，并非认为自己比他们更出色。训斥归训斥，但内心中我仍然认为他们比我优秀。

我认为，以如此的心态待人接物，或许正是心无城府的我经营活动取得些许成功，被人赞为"经营得力""用人有方"的原因。

在与一位长期保持业务关系的客户的交往过程中，我也深深感受到了这一点。这位老板曾经在我面前说自己员工的坏话："松下君，我公司的员工全都是废物，真是很头疼啊！"或许是因为他本人能力非常突出，所以才认为自己的部下全都不行。不过，我可以肯定地说，这样的公司或者店铺，不会有太大的作为。相反，那些觉得自己的部下全都能力突出，并为此感到心满意足的人，经营业绩一定非常骄人。

　　从这个意义出发，不仅我自己如此，所有居于领导之位的人看待部下的态度，都决定着经营活动的成败。这个问题虽说好像并不起眼，但经营或是用人的诀窍或许就隐藏在这些细小的环节之中。

人尽其才

　　一个组织、一个团体如果拥有一位合适的领导，不仅其整体发展会非常顺利，每个人也都会心情舒畅。相反，如果领导不称职，其发展就会举步维艰，甚至走向毁灭。由此可见，一位合适的领导对一个团体来说多么重要。

　　佛教中有"一人出家九族升天"之语。也就是说，只要一人出家，不用说他的父母及兄弟姐妹，其满门都能够升天，前往极乐世界。尽管佛教教义与团体发展之间存在一定差异，但有一点却是不争的事实，那就是只要领导合适，就能给其团体带来繁荣。

　　日本社会在人事上大多采取的是论资排辈制。这其中包含着令人难以割舍的人情世故，因此没必要全盘否定。不过，在发挥其长处的同时，绝不能受其所限，而放弃了对合适人才的追求。

　　曾经有家公司陷入困境，前来请求我们公司代理经营其业务。因为与对方有过些许的交往，于是我答应下来，然后将其交给了一位尚未满 40 岁的年轻人。没想到这竟然成为这个公司的转机——它就此复苏了。过去，这家公司常年亏损，没有分红。自从那位年轻人接手后，产品质量显著提高，利润大幅增长，虽然进行了两次增资，但仍然保持着高分红的态势。

这仅仅是一个成功的案例。一个合适人才就拥有如此惊人的能量，可见不仅是领导岗位，所有岗位都应该做到人尽其才。不过，不拘一格提拔人才固然重要，但要是没有大家的理解，也将一事无成。为了取得大家的理解，更好地推进工作，需要将选拔人才进行到底，即便是自己的部下，只要他是合适的人才，哪怕让出自己的职位也在所不惜。

这样一来，所有人才都能做到人尽其用，公司或者店铺将由此走上健康发展之路，也将会给员工带来更大的幸福。

直面困难

经营活动中会遇到各种困难和状况，有时甚至可能进退维谷。

遇到困难之时应该如何应对呢？方法多种多样。我认为其中有一点至关重要，就是坦诚地认识自己所处环境的严峻性，在此基础上，对导致这种事态的原因进行冷静分析。有时，原因可能在于客观方面。但很多情况下，原因却出自主观方面。因此，如果认为是自己想法存在不周，或是做法出现差错，也要坦诚地承认，迅速加以改正。这样一来，不仅能够开拓出一条解决问题的途径，其中的教训也可以供今后吸取。

可以说，这是一种遭遇失败之后的幡然悔悟。虽说遭遇失败，实际上很多情况下并没有发展到那种地步。不过，在接近失败的逆境中得到某种感悟，是非常难能可贵的。在此之后，你就有可能脱胎换骨。这就是我们的人生。

一个人无论成就了多么伟大的事业，也不可能没有经历过任何失败。当遇到艰难困苦时，他们也会失败。但每次失败后，他们都会有所发现，有所领悟。在失败的不断考验中，他们会渐渐成长起来，将坚强的信念根植在自己的心底，最终成就了伟大的事业。

因此，当遭遇失败，事业陷入困境时，关键在于是否能够坦诚地承认自己的失败。要是不承认，哪怕你再失败一百次，也不会有任何进步，因为你只知道向社会和他人宣泄不满。那样的话，你将一直被失败困扰，最终导致不幸的结局。

只有那些直面困难，认为"这是难得的人生体验，尽管代价不小，却是宝贵的财富"的人，日后才能真正成长起来。

脱下外套的老总

这个故事发生在某个机场。那天我抵达机场后看到离起飞时间尚早，就先去了候机厅。到那里一看，发现已经有一位客人了。他是某家大公司的老总，非常年轻，只有50多岁。由于行业不同，我与他之前没有打过太多的交道，只是见过两三次面而已。不过，我倒是经常听闻这家位居日本国内该行业之首的优秀企业的情况。

这位老总一看到我，立即啪的一下站起来，开始脱去身上的外套。还没等我说出"千万别客气"，他已经脱下外套，然后对我深施一礼，郑重地向我打招呼。那天我有些感冒，所以没有脱下外套还之以礼，确实有些失敬，但内心还是感到非常震撼。

一般来说，在候机厅这种场合，就算身份相差悬殊，此时也不必如此客套。况且对方是大公司的老总，与我们公司又几乎没有业务上的往来。尽管如此，他还是特意脱下外套，面向只见过两三次的我郑重施礼，如此周到的礼数，让我深为感动。

据闻，这位老总当初是以没有任何背景的工薪族身份进入公司的，刚满 40 岁就当上了总经理。其后的数年间，这位年轻的老总扎实地经营着日本这家屈指可数的大公司，在业界中取得了骄人的业绩。

于是，我对他说："听说您年轻有为，真是不简单呀！"他听后回答我说："哪里哪里，我不懂的地方还很多，是公司同人和社会上其他朋友给了我很大帮助。松下先生，您如果有好的建议，愿听指教。"这再次让我非常感动。如此谦恭的姿态，让人顿生好感。

我由衷地感到，这正是这位老总年纪轻轻就取得如此成功的秘诀所在。

向上级汇报

经营活动最为理想的状态是开展自主责任经营，也就是不同的员工在公司基本方针的指导下，各负其责，自主地开展业务。所谓的"唯命是从"，凡事都服从上级的指示，凡事都请示领导的意图，是不会有成果的，也培养不出真正的人才。人们所希望的，还是全员在工作中开展自主性经营。

不过，这仅仅是指一般情况下。如果是在经营困难的非常时期，或是难以抉择之时，就不能这么做了。如果自己尽了最大努力之后，仍然不能确定自己所做的是最佳方案，就必须马上向上级汇报自己的困惑。否则，一两个月后情况逐渐恶化，你却还在自我烦恼，结果可想而知。

当然，上级并不是神，你向他汇报，他自己也可能手足无措。此时，可以考虑向外人求教。自己的圈子之外，可能有人会有好办法，所以必须考虑向他们求教。这绝不是难以启齿之事，恰好相反，它是一种诚意的体现。

　　尽管大多数情况下我是自己做出决断，但也有犹豫不决的时候。这种时候，我都会向圈外之人请教。圈外之人，并不仅限于地位高于自己者。他们站在不同的角度看问题，会提出批判性的意见，具有极高的参考价值。自己在他们的启发之下做出的决断，一般不会偏离方向。

　　然而在现实中，我们经常可以看到这样的情景：遇到问题不向上级汇报，自己攥在手上自寻烦恼。上级也就以为一切顺利，从而放松了警惕。直到再也进展不下去时才向上级汇报，结果已无法挽救。

　　当情况不对时毫不犹豫地向上级汇报，听取上级的指示，这才是真正负责任的经营。

遭到训斥也是一种幸福

一次，我们公司一位身份显赫的人犯了个小错误。我认为此事不能放过，于是决定向其下发书面警告书。之前，我把他叫来，对他这么说："对于你这次所犯的错误，我打算给你一个书面警告。此时此刻，你心中哪怕有一丝一毫的不满，觉得'老板你如此训斥我真是小题大做，但你是老板，我也没办法'，这份警告书就失去了意义，我就不给你了。如果你真正做到了心悦诚服，我相信你今后一定能吸取教训，成长为一个出色的人。所以，尽管我知道这么做有些烦琐，但还是觉得非常值得。对此，你的态度是什么呢？"

听我这么说，对方表示："您的意思我完全明白了。""你真的明白了，心悦诚服了吗？""真的明白了。""好呀，我很高兴你能理解。那么，我就把这份警告书给你吧！"

就在我正准备把东西递过去时，此人的同事和上司进来了。于是我对他们说："你们来得正好，过来做个证人。""什么证人？""我正打算向某某君下达书面警告，他自己也表示心悦诚服地接受，所以我很高兴。下面，我来宣读警告书，你们一起听一下！"

我把警告书念给他们听后，对并排站在面前的三个人，这么说道："你们真是幸福呀！我觉得，对你们而言，能有人如此训斥自己，应该高兴。如果犯错的是我，人们背地里会骂我笨蛋，可不会有人当面对我说出来。所以不经意间，我难免又会犯同样的错误。之所以说你们幸福，就是因为有我和其他高管能训斥你们。地位越高，这样的机会越少。所以，希望你们珍惜这种宝贵的机会！"

我所采取的这种提醒方式可能是非常规的。所幸那人坦诚地接受了我的提醒，其后成长为一名出色的人才。

唯命是从

开展工作时，某种程度上需要唯命是从。只有下级切实执行上级的命令，工作才能正常推进，并最终取得成果。如果有令不行，经营将无法维持。

然而，这绝不是要求下级只会唯命是从。如果下级只会按照上级的指令和意志行事，就会产生一种不求有功，但求无过的懈怠意识，导致经营僵化保守。

比方说，上级为了节省经费，制定了不能乱花广告宣传费的政策。要是下级只是按字面理解，连必要的广告宣传也不做了，那么，原本可以销售出去的产品就会滞销，公司的发展也将陷入停顿。此时，下级还是应该在自我分析的基础上做出经营判断，不必要的广告一律叫停，该做的广告坚决要投入。

假如一位部长做出了一项决定，那么下面的处长、课长要敢于对此发表见解。如果认为其不合适，就应该大胆地向部长表示："部长，您的决定可不对哟！"作为下级，必须拥有这样的主见与能力，也就是所谓的自主经营力。否则，一旦上级出了差错，所有人都会朝着错误的方向前行。

　　拥有自我主见的重要性不言而喻，但随着机构的膨胀、员工数的增加，企业容易陷入唯命是从，多一事不如少一事的境地。

　　因此，上级在鼓励下级提升自主经营力的同时，自己平时也应该注意倾听下级的意见，并为下级倾诉心声营造良好的氛围。

成为临床专家

我们公司每年新员工入职后，会安排他们去工厂实习一段时间，或是去零售店进行销售实习。当公司规模还不大时，是没有必要做这样的安排的。那时，工作就是最好的课堂。从事开发设计的人员在日常工作中，通过亲自拧紧螺丝，生产产品，就会对自己的工作有充分的体验；从事销售计划制订的人员，通过每天的亲身经历，对第一线的实情也可以充分掌握。

不过，随着公司规模的扩大，工作领域越来越细化，所谓的"工作就是课堂"已越来越不可能。于是，我们采取了上述的实习方式，以帮助新员工的成长。

我认为，如果以医学的角度看待我们所从事的经营活动，这些活动并不是基础医学，而是临床医学。从这个意义出发，所有从事经营活动的人，都应该成为有着丰富实战经验的临床专家。

　　因此，假如从事销售计划制订的人本身没有销售经验，仅凭知识或者能力制订出所谓的"办公桌计划"，那么，这个计划就会僵化呆板，不会取得成功。或者，让一个没有实际生产经验的技术人员去从事开发设计工作，他能够设计出好的产品吗？我认为不能。

　　因此我认为，既然从事临床工作，必须从实战入手，才能成为出类拔萃的人才。假如一个人去零售商或者批发商那里帮上两三年的忙，踏踏实实成为那里的店员，从抹布开始卖起，一点一滴地学习修业，不断充实积累，将会是一番怎样的情景呢？我认为，由于此人精通销售一线的实情，因此即便是他在办公桌上制订出的计划，也一定准确无误，符合实际的要求。

　　当然，怎样才能帮助新员工了解体验工作，每家企业的方法各有不同。不过，希望大家不要忘记临床实习这种最基本的方法。

深入灵魂的教育

人们常说事业成败在于人才，由此可见人才培养的重要性。近来，无论哪家公司或者店铺都加大了对员工教育的投入，为此制定了制度，设置了机构。不过在我看来，为开展员工教育而制定制度设置机构固然重要，而相比之下更为重要的是所开展的教育必须深入灵魂。

具体而言，公司必须是经营者人格的体现，店铺必须是店主人格的体现，这就是最好的教育之法。

不过这并不意味着，拥有出色人格的经营者或者店主事事都需要率先垂范。做到这一点非常困难。首先这很枯燥，容易让人产生疲惫。经营者或者店主没必要向神仙看齐，更无法看齐。他们可以是普通人，拥有人性的弱点，即便将这些弱点暴露无遗也没有关系。我上面所说的人格，是可以同人性的弱点共存的。

重要的是，在发挥作用方面，他们必须是模范的，具有带头性的。换句话说，工作中他们必须拥有热情。即便他们有很多缺点，浑身全是毛病也没有问题。不过，作为一店之主，在经营店铺的热情方面，他必须走在所有店员的最前列。只有这样，才能发挥出一店之主的模范带头作用。古语说"头动则尾随"，如果店主有了这样的表现，自然会在员工身上有所体现。员工们也会发挥模范作用，人才培养也就达到了既定目标。

相反，经营者或者店主无论拥有多么渊博的学识，出色的技能，如果性情淡漠，跟随者就会越来越少。无论员工教育制度和机构多么完备，也无法培养出真正的人才。

另一重要之处在于，要注意倾听部下的意见，充分采纳。这自不待言，因其有利于集思广益，以争取更大的成绩。同时，这不仅有助于公司或者店铺的发展，对于自己的意见被采纳的部下而言，也是一种自信的提升，有利于其个人的成长。要是不积极倾听部下的意见，他们就会越来越沉默寡言，成长也就停顿了下来。

因此，要是真诚地希望培养出真正的人才，经营者首先要做到两点：一是自身拥有热情，二是充分采纳部下的意见。

出去做学徒的专务

有一次遇到经济萧条，我们的代理批发商也受到了严重冲击。当时，我们公司有200余家代理批发商，除了30多家外，其余全部亏损，形势异常严峻。

当时，我找机会与这些批发商进行了交流，在倾听其心声之后，也坦率说出了自己的想法，以求采取各种措施，应对困难局面。

其中有家批发商是我们的老客户，长期与我们保持着密切关系。这家公司的老板经验丰富，工作热情很高，但公司还是出现了巨额亏损。在我看来，这家代理商的经营中存在一个很大的问题。于是，我与这位老板见面后，进行了如下的对话。

"总经理先生，您认为贵公司经营业绩滑坡的原因在哪里呢？"

"是呀，松下君，我已经非常努力了，但还是没有一点起色，真是很苦恼呀! 说实话，我也不知道到底是哪里出了问题。"

"我个人认为，有一个人妨碍了您的工作。所以，就算您再努力也不可能扭亏为盈。如果您意识不到这一点，公司可能就无法挽救了! "

"我还真没注意呢，这个人是谁呀? "

"就是现在担任公司专务一职的贵公子! "

听我这么说，对方大吃一惊。出现这样的反应极为正常，于是我继续解释道："当然，贵公子并不是恶意阻碍贵公司发展的。不过，他还不是非常熟悉经营的诀窍。所以，他身居专务这一要职，客观上妨碍了工作。"

"哦，原来是这个意思呀! "

"因此，为了扭转贵公司的局面，建议把贵公子送到其他地方去学徒三年。除此之外别无选择。"

我的话让这位老板一时不知所措。不过经过充分考虑后，他还是采纳了我的建议。他打发自己的儿子到其他地方去工作了三年。其间，他亲自谋划并圆满实现了公司的重建。而他的儿子也第一次端上了别人的饭碗，通过严格的磨炼，回来时已经成长为一名出类拔萃的经营者。这段经历至今仍让他引以为豪。

这种建议对方让自己担任现职专务的儿子出去学徒的做

法，一定会有人认为非常失礼，而且一般也很难被对方接受。但之所以被人接受，现在想来，或许是因为当时的我是如此诚恳，并真心实意地在为对方公司着想。

只要认真而心怀真诚，就算下的药有些猛，但结果一定能够治愈顽疾，反过来让对方心满意足。

怎样都可以

幼年时家境贫寒，我 10 岁时便外出学徒。现在每天法定工作时间为 8 小时，而在当时，每天从早上一直干到晚上 10 点，中间也没有固定的休息时间。除了盂兰盆节和新年之外，一年之中再没有其他假期。因此，干活之余也没有念书的时间。

看到这样的情景，母亲觉得要是不念书长大后会有麻烦，于是劝我找家公司去打杂，然后利用晚上的时间去读夜校什么的。我听后也很动心。不过，这却遭到了父亲的反对。他认为我既然走上了从商之道，就应该一门心思想着成为一个好商人。结果，我的学徒岁月一直持续到 17 岁。

现在看来，这让我学到了更多的经商诀窍，对我之后的发展大有裨益。因此，尽管我未能如最初所愿去学校念书，但在某种程度上来说却是幸运的。

如此可见，命运确实是一个奇妙的东西。每个人最初都会立下各种志向，结果，要么没有去实现，要么难以实现。而后来所走的这条与最初志向截然相反的道路，却与自己非常契合，最终取得了成功。

对于工作而言，一个人自己考虑，然后自己做出决定的情况是极少的。一个人的视野毕竟有限。自己所知晓的，只占整个世界的 1%，剩余的 99% 可以说并不知晓，还需自己在黑暗中探索。

因此，不必因为遭遇一次困难就心灰意冷。如果想着对于世界来说，自己生来就一无所知，你就会豁然开朗。我认为，人的生活形态本来就可以多种多样。富裕的形态固然值得欣慰，其他任何形态也都可以接受。我们每个人都需要拥有这样乐观的心态。

周到的服务

我认为，开展经营活动时，服务的重要性无论怎么强调都不为过。不久之前，我从某家饭店的老总那里听说了这样的案例：

开业之前，这家饭店做了各种悉心周到的准备，比如客房装修、设施及用品配备等等，可谓用心良苦。不过，他们最为注重的，却是对员工的培训。

在两年前至半年前起，他们就开始录用员工，并对员工实施全方位的教育培训。在开业之前，员工基本上通过了培训，不会再有太大的问题。不过，这位老总表示，自己仍然非常不安。

他的话让我深有感触。确实，无论饭店设施多么完备，但仅凭这些是无法满足客人的需求的。只有再加上周到的服务，才能让客人心情舒畅，才会表示"这家饭店真的不错，下次还住这里"。

因此，每家饭店都会像这样早早的就从人才培养入手，以期在服务方面做到万无一失。这也是饭店经营的常识。而每家企业究竟是否做到了以如此心态面对服务，不禁让我深深反思。

今天，服务的重要性已成为人们热议的话题。任何经营活动，其制度建设和服务体系建设日趋完备。这令人非常高兴，但也非常重要。然而，如果对担当服务重任的员工培养不充分，辛辛苦苦搭建起来的服务框架就如同画龙没有点睛，缺少了最为关键的部分。

为了向顾客提供令其满意的服务，作为公司进行服务的代表，必须具备举手投足得体，处理事务得当的素质。为了培养出这样的员工，应该不惜血本，将其作为公司的第一要务。这就是我听了这位老总讲述案例后的感触。

新员工也有资格

公司或者店铺年头一久，随着规模的扩大，组织机构容易像政府机关一样出现僵化。

于是，遇到问题时，普通员工只能向课长反映，而不能直接去找处长；课长只能向处长反映，而不能直接去找部长；部长只能向高管反映，而不能直接去找总经理。这种思维方式不知不觉就会在企业中蔓延。这样一来，就难以形成每个人都能发挥出各自的主观能动性为企业发展献力的氛围。

因此，必须严防这种现象形成气候。说句极端的话，刚进公司的新员工也应该有资格直接向总经理反映问题。企业应该形成并保持的，就是这样的风气。尤其是那些位高权重之人，更应拥有这样的意识。普通员工越过课长、处长、部长，直接向高管和总经理反映问题，处长、部长的权威绝不会因此受到损害。如果处长、部长这么认为的话，反过来，普通员工就会担心这么做会不会引起课长、处长的不悦，到头来，企业就陷入了僵化。

"有什么问题可以向我反映。当然，只要事后告诉我一声，你也可以直接向部长反映。"处长应该这么表示，或者应该营造出一种让部下大胆反映问题的氛围。这是他作为上级的职责所在。

下属的意见，有时在部长看来未必得当，有时却可能包含着连部长都没有考虑到的因素。在保持灵活对待下属意见的心态的同时，还要不断采纳好的意见。即便坚信自己确定的方针是正确的，但如果顽固不化，其行动也跳不出自己见解的范畴。将部下不断提出的真知灼见作为自己的真知灼见，创造出新的智慧，这不仅是位高权重者的职责所在，也将会给公司或者店铺带来更大的发展。

对于部下的意见，不要只采纳那些没有任何瑕疵的。对于那些有实施可能的，也要采取一种听进去的态度，对建议者表示："你考虑得很不错，不妨先做做看。"这样一来，就能激发下属积极提出建设性意见的欲望，也可以放心大胆地把工作交给下属去完成。

公司如果采取唯命是从的工作方式，无论拥有多少人才，也只能原地踏步。哪怕公司规模再大，拥有的人才再多，它都应该营造出让年轻人畅所欲言，自由自在完成工作的氛围。

选择合适的人才

如今劳动力严重不足，很多企业或者店铺都面临用工荒。

我开始自己的创业之旅是在大正七年（1918 年）。所幸那时劳动力还很充足。当然，那时学校的一期毕业生、三期毕业生是不会选择我们松下电器的。况且，这些毕业生就算来了，我们也没法使用，因为他们学历太高了。

我们的公司需要合适的人才。当时的社会状况是，高小毕业生都非常稀有，很多人基本上都是初小毕业。因此，就算我们想招初中毕业生，不使出吃奶的劲儿也根本做不到。而感觉可以尝试招募专科毕业生，则是昭和二年（1927 年）的事了。于是，在我创业的第九个年头，终于招到了两个专科学校的毕业生。

到目前为止，我一直坚持招募人才必须适合公司自身发展需求的方针，并顺利发展至今。所以我认为，每家公司或者店铺也应该根据自身的需求，招募各自的人才。

能力过强也是一种烦恼。能力过强的人，或许有放下身段为公司效力的，但更多的人往往觉得"在这样无聊的公司做事，我的价值怎能体现出来呢"！不过，要是换成普通人，会认为公司给了他工作机会，从而感谢公司，全身心为公司做贡献。这是我所希望的，由此可见，能力过强的人扎堆，实际是干不成事业的。

有句话叫作量体裁衣，意思是根据实际情况办事。我认为，每家公司或者店铺，应该根据自身的实际需要，寻求合适的人才。只要寻到合适的人才，上述烦恼自会烟消云散。

任何情况下，都不要过于追求圆满。我认为，招到的人才只要有七分让人满意就足够了。事实上，这样的人或许更有幸福感。

正当的薪酬

薪酬的重要性对于公司以及员工而言毋庸置疑。薪酬是否公正，是决定着一家公司能否繁荣、员工能否幸福的重大问题。同样，它也是社会稳定的坚实基础。因此，每家公司对此都要高度重视，不断创新优化，以达到薪酬的正当化。

任何人都希望薪酬越多越好。这绝不是贪婪的表现。然而，并不是公司想给员工加薪就可以轻易实现，而要做到保证薪酬一直处于增长态势就更难了。

那么，怎样才能提高薪酬呢？我认为，首先要取得社会的认可。绝不能仅凭公司的一己之见，就决定薪酬的高低。只有得到社会的认可，公司的意见才能成立，才能恒久。同时，这也不是只要劳动工会提出要求就能实现的。对于其提出的过分要求，就算公司老板答应了，社会也不会答应，或者公司的财务状况也不会允许。从长期来看，这更是无法满足的。

因此，对于薪酬，要从方方面面进行考虑。要考虑时间，考虑行业，考虑国情，考虑如此的标准能否得到社会的认可，是否每个方面都没有问题，能否长期维持，等等。在满足所有条件的情况下，在应有范围内制定最高标准。换句话说，正当的薪酬是在社会正确价值取向的基础之上产生的。

一旦薪酬标准制定中出现差错，尽管可以一时让大家心满意足，但最终只能把公司及员工一步步逼入绝境。

人事上遇到不满之后

战前，我们公司施行了一种等级制度，对员工予以一等员工、二等员工、三等员工、候补员工这样的级别待遇。有一天，一名候补员工来找我说："我进公司时间不短了，到现在为止给公司做了不少贡献，自认为已经具备了三等员工的资格。但我一直没有接到升职任命。这是否意味着我的努力还不够呢？要是这样，请您给我指出来，我会更加勤奋努力的。否则，我是否可以理解成公司把我的升职任命给忘记了呢？"

面对这样的质询，我马上进行了人事调查，发现确如其言，公司把他的升职任命给遗漏了。于是，我立即向他颁发了升任三等员工的任命书。对于他坦诚率真的要求，我感到非常开心。

然而同一时间，有一位员工通过其上司递交了辞职申请。此人并没有明言其辞职的理由，因此我对其辞职的原因并不是非常清楚，但似乎也是因为没有得到他认为理应得到的升职任命而产生不满的缘故。

人事工作原本应该是公平无误的，这自不待言。不过，由于从事这项工作的主体是人，因此，很难做到百分之百不出差错。对于人事工作出现各种疑问和不满，也是可以理解的。问题是当疑问和不满出现后，应该如何面对。默默忍受是一种方式，不过我认为，像上面第一位员工那样，遇到疑问后坦率地提出，更是一种值得提倡的消除芥蒂的办法。

而像第二位员工那样，把不满压在心头不做任何表示，除了自寻烦恼外，是得不到好结果的。一个人以坚定的信念从事工作，遇到疑问之后就要毫不犹豫地提出。而他的上司及公司经营者，也要为他提供畅所欲言的环境。

职业人的自觉

曾几何时，我看过一部名为《拼搏记录》的影片。这部影片描写了东京奥运会之前选手们的训练情景。不管哪个项目，选手们都咬紧牙关，经受了极为严酷的训练，他们的精神让我深为感动。尤其是获得女排冠军的日纺女排①进行近乎残忍的大运动量训练的场景，让我看后心灵震动，终身难忘。她们所展现的拼搏精神让奥林匹克得以发扬光大，也产生了感动每位观众的强大力量。

不过，细想起来，参加奥运会的运动员全部都是业余选手。当然，为了国家的荣誉，他们都付出了最大的努力。不过，他们参加的每项比赛，对其自身而言，都是本职工作之外的副业。

---

①　东京奥运会上，日本女排获得了冠军，她们是以日本纺织公司女排为班底组建的。

　　相比之下，我们所从事的经营活动，却是不折不扣的本职工作。我们不是业余选手，而是职业选手。业余选手为了自己的副业尚且付出了如此大的努力，我们职业选手为了自己的本职工作，必须付出更大的努力。

　　不客气地说，一个人若是做不到全心全意投入本职工作，并由此产生满足感，他就应该放弃这项工作。这不是能力问题，而是能否做到全心全意并产生满足感的问题。

　　很多人能力有限，但只要全身心投入了，他们的形象依旧光彩夺目。这种形象感动世人，催人奋进，凝聚智慧，孕育成果。

　　如果做不到这一点，力量再强大也无处可使，也无法取得成果。从这个意义来讲，不全心全意投入本职工作，产生不了满足感的行为是不被允许的。

　　我的观点或许有些苛刻。在这个问题上，居于领导之位的人必须经常扪心自问。

经营者

所谓经营者，在很多情况下，大脑始终处于高速运转的状态。其越是投入，就越没有时间，尤其没有私人时间。无论何时何地，其所思所想的都是经营之事。说得极端些，要是做不到这一点，就实现不了真正深入灵魂的经营。

而作为一名公司员工，理所当然，有些时间是属于工作的，有些时间是属于自己的。不过，不管是小店铺，或者是大公司，只要当上了店主或者高管，别人潇洒的时候，你就不能放松。当然，人不可能一天24小时都忙于工作，可以有休息时间、放松时间。然而，身体休息放松了，大脑却不能休息放松，而是一直要以某种方式心系经营。

这样做，的确很死板，也十分劳累。不过，假如你要指挥几名、几十名、几百名甚至几千名部下，他们的命运全都压在你的肩膀上，这就是你必须付出的。

而且，这样做是经营者价值的体现，也是经营趣味的体现，或是助人为乐的体现。只要或多或少具有这种认识，那么，就既不会感觉自己的所作所为死板，也不会感觉劳累。甚至可以说，这样做本身就可以从各个方面促进血液循环，消除疲劳。

我们孜孜不倦地努力工作，获得了一定的地位，绝不是为了享乐的。有人会认为，劳累到没有时间休息的地步，让人非常难以接受。然而，劳累之中一定蕴含着其他的价值，这可以使我们聊以自慰。

要求每位经营者都能认识到这一点或许过于苛刻。不过，这也是判断一名经营者是否称职的一个重要条件。

拒绝当处长

在公司或者店铺的经营活动中，人是最为重要的因素。

不过，对于"人"的适合性，日本社会又是如何要求，如何审视的呢？当然，就整体而言，条件都不低。不过，有很多公司却存在这样的情况，就是一些不合适的人当上了处长、部长，甚至是总经理。说这是封建残余也好，是论资排辈也罢，其带来的负面影响不可忽视。

在演艺界或者体育界，一个人要是不合适或者没能力，一眼就能被人看穿。但在经济界，人的适合性却很难清晰体现出来。如果以成败论英雄，输了就表明不合适。但经济界缺乏公开的战场，就算有，短时间内也很难分出胜负。

公司内部选拔处长时，会对人选的适合性进行审核，然后进行任命。不过，有时也会犯错误。这个时候，被任命为处长者对其自身的适合性拥有怎样的判断也是问题。一般情况下，只要对他说"现在有个处长职位空出来了，你来做吧"，大部分人都会说 OK（好的）。但会不会有人说："不，我不想当处长。现在的工作很有意思，让我很开心，这是我的幸运。所以，我拒绝当处长。"我认为几乎没有，就算有也一定是极少数。因为日本社会普遍认为，相对于普通员工而言，处长要风光得多。

如果换成美国，我觉得，在能当上处长时，10 个人有 9 个是高兴的，但剩下的一个可能会拒绝："当处长固然不错，但还是让我继续干现在的工作吧。我觉得自己适合现在的工作，这样对公司也更有利。"

当然，日本与美国的国情不同。不过，在这个问题上，有时我们是否应该认真研究一下呢？

坚持到底的决心

　　经营的方式方法无穷无尽。比如你想生产某种产品、器具，将其向社会普及推广，借以提高人们的生活水准，在实施过程中，其具体做法可谓无限。

　　根据方式方法的不同，其最终的成果自然各有不同。不过，决定工作成败的，是否还有其他因素呢？

　　我的答案是肯定的。一件事情想要取得成功，首先取决于做这件事的决心。做事情时，必须具备为了世人一定要将其干好的坚定决心。要是没有这种坚强的信念、热情，或者说不惜牺牲性命的气概，遇事往往会以失败告终。

　　人类确实很伟大。只要齐心合力、激情奋斗，连阿波罗飞船飞达月球这样的壮举也能实现。不过，要是没有决策者一定要将飞船送上月球的坚定决心，也不会有如此的成功。

　　经营活动与阿波罗飞船一样。只要下决心将经营活动搞得有声有色，进而培养出大批优秀的员工，让他们从事的工作得到更多人的承认，就一定可以实现这一目标。

因此，公司或者店铺的最高负责人必须信念坚定，决策果断。只要他们在自己的岗位上不断给予员工热情的激励和指导，企业一定能够取得更大的发展。

中篇

商业心得集

作为松下电器的经营者，至今为止，我在各种场合谈过、也发表过一些经营心得。最近经常有读者向我提出，希望我能把自己的经验集成一本书，于是我挑选了一些心得，汇集在此。重读它们，我发现对于经营者来说，最重要的是其人生的基本态度。

佛教徒有早课与晚课，他们一早起来就会向佛行礼，到了黄昏会感谢自己又平安度过了一天。其实我们在工作中也一样，晨起即计划一天中要做的事情，白天去努力实现计划，到了傍晚进行反省，每一天都是这样的重复。同样，每个月、每年的一开始，我们也是制订计划，到了月底和年底进行反省。如果重复五年，我想五年中的反省足以让我们发现很多自己做得对和做得不对的地方。

从我自身的经验来看，即使当时觉得自己做得都很正确，但时隔五年再来回顾，就会发现只有一半的行为可以称作"成功"，还有一半的做法不能称之为"正确"，甚至可以用"失败"来形容。我就是这样，一边反省、总结，一边走到了今天，成为一个犯错越来越少的经营者。

总之，在经营的过程中，创意、实行、反省，是三个十分重要的步骤，重视它们，也是我的基本人生态度。如果这本小书能够为读者们提供一些参考，我将感到不胜荣幸。

松下幸之助

1973 年 1 月 10 日

03　各种经营心得

世间的评判是正确的

对于一个经营者来说，有一点很重要，那就是他必须要相信我们所处的这个社会是正义的。当然，对于我们当前社会的看法，那是仁者见仁智者见智，但我认为我们的社会总体还是健全的，世人对事物的看法也基本上是公正的。所以，我们不应与世间标准逆向而行，如果大家都觉得某件事是错误的，那么不管你自己觉得多么正确也不会被世间接受，硬要一意孤行的话，你也会产生种种不安，影响你把精力集中在经营上。

反过来说，令人感激的是，这个社会也是具有包容性的，只要你不犯错误、不做违背常理的事，你就会被接受，并得到大家的支持，这是我从多年经验中总结出来的一条真理。也就是说，你只要做得正，就没什么事好担心，就算是有烦恼，那也只需要改变自己的工作方法就可以了，世间的评判是正确的，我们只需自身尽最大努力，就会迎来成功。

当然，每个人在实现梦想的途中，难免会遇到一些被误解的时刻，有人觉得自己既有创意，又工作认真，但是却没得到应有的评价，等等，这些现象都有可能存在。但是从长远来看，社会还是公正的，我们应该信赖所处的这个世界，如果你能够这么想，你就会产生巨大的安全感，埋头做好自己的事，而不会轻易动摇。

作为一个经营者，这一点应该牢记心间，无论你的公司规模是大还是小。

对立与合作

毋庸置疑，同行之间开展竞争十分重要。为了在经营上不输给竞争对手，大家都会憋足了劲儿拼创意、比服务，百般努力的结果是，双方都获得了很大的进步，所以说，竞争是发展的原动力。

不过，只有正当的竞争，才能实现这一目标，也就是说，必须在公平公正的前提下，开展有秩序的竞争。否则一旦变成了恶性竞争，哪里还能促进多家企业的共同成长？甚至会给整个行业带来巨大的混乱。总之，我认为竞争可不是为了像在战争中那样打倒对方，而是为了在同行间实现共存共荣、共同发展。

换句话说，即使你平时与竞争对手间的关系是对立的，但也别忘了协调与合作之心。如果忘记了这一点，双方的竞争就会陷入你死我活的状态，弄不好整个行业都会遭到毁灭性的打击，最终也给客户带来麻烦与不便。

　　所以说，企业间为了促进发展，适当的竞争是必要的，但是要注意竞争不可过度，竞争双方应不断增强自己的判断力，在竞争的同时不可忘记合作精神。经营者都应当具有一定的适应性，为实现"无论公司规模大小，只要进行正当的努力，都可以共存共荣"这样一种商业环境而奋斗。我相信，如果竞争者都有这样的态度与行动，那么竞争一定能够成为整个国家和国民共存共荣的基础。

你的公司有多受欢迎？

　　生意人在日常的经营中，有很多重要的注意事项，其中有一点就是应当经常反思："我现在的公司对客户到底发挥了什么作用？有多受欢迎？受感谢的程度如何？"

　　还可以假设一旦自己的公司关门歇业的话，客户会多大程度地感到遗憾？会不会说"那家公司竟然关掉了，真可惜"？在这种反思的过程中，我相信经营者会渐渐发现一些自己的不足之处，比如为顾客考虑得还不够细致，有些服务没有做到位，等等。

　　就拿商店货品的陈列方法来说，大多数店主会从"为了能够更加吸引顾客的眼光"这一角度出发，其目的只是为了增加销售量。但我认为，如果能够换个角度进行陈列，一切都从"使好不容易来到我们店里的客人更加满意、更加愉悦"出发，你可以表现得更棒，最终客人开心了，你的销量自然也会增加。

总之，如果你能一切从为顾客着想的角度出发，不断地进行自我反省、琢磨和总结，最终你会确信自己存在的意义。这样一来，你对自己的经营也会产生巨大的热情，会想尽办法在各方面下很多功夫改善服务。长此以往，生意自然会变得无比兴隆。

对于经营者来说，这些好像是理所当然的，但正因如此，才更容易被大家忽略。所以，还是要提醒各位，不要忘记每日"三省吾身"。

如何在销售上取得成功？

在经营过程中，最不容易的就是销售这个环节吧。在制造的环节，可以有各种新的发明，可是对于销售，却很难有什么绝妙的主意。我看过各家店铺的销售方案，都没有什么特别的高招，大家一边列举着雷同的方法，一边还在拼命地想扩大销售额。

对于广大顾客来说，哪怕就是买一件普通衬衫，也有他爱去的店铺。看上去好像是随意的行为，其实背后有很重要的理由，那就是——这家店铺能够给予他作为顾客的一种满足感，所以他爱去。

从这个角度来说，要想在销售上取得成功，最重要的就是要思考如何才能让你的客户满意，怎么对待他，他才会开心。其实，最终决定一切的是你的态度，是相互间的诚心与诚意，这些会从你的言语中体现出来。

就像我们听单口相声时，觉得很有意思，但是如果你去读他们预先写好的台词，却觉得一点也不有趣。因为没有演员绘声绘色的表演，那些台词的韵味无法表现出来。销售员的工作也是如此，如果你仅仅是提前写好了精彩的说辞，那还不够，关键还要通过自己的表达，把它体现出来才行。

表达的时候，最重要的是你得表现出你的诚心和诚意，否则，哪怕你写的草稿再完美，也不会有好的结果。

关于销售，每一家店铺或公司都有自己的基本方针，这就好比是相声演员的台词本，具体的表现还要看各位销售员的责任心和努力的程度。如果一位认真负责的销售员，已经十分注意在日常工作中培养自己的销售技巧，再给予他十分精彩的台词本，那就好比如虎添翼，他一定能取得不凡的业绩。

笑容才是最好的赠品

近年来，由于竞争日益激烈，有些店铺，包括整条商业街，都在想尽一切办法搞促销，其中一个方法就是附送赠品，甚至还有赠送海外旅行的呢。

我认为这个方法很好，既能促进销售，又能讨顾客的欢心，真是一举两得。

不过我想提醒大家，在能够给予顾客的赠品当中，有一项是比任何东西都重要的，那就是我们的笑脸。当然，也许你会说"一趟夏威夷旅行"这种赠品不是更棒吗？不过我觉得，对于总是照顾我们生意的顾客来说，只要你平时一直能够以充满感激的笑脸相对，哪怕你不送他什么夏威夷旅行，他也会很满意的。反之，如果做不到这一点，就算你送他夏威夷旅行，我仍担心你与这位顾客也只是一时的利益关系，很难长久。

有时候我们看到自己的竞争对手附赠了非常高额的赠

品，于是马上就模仿，也送上同样的东西，我认为这一点非常不好，因为这容易引发恶性竞争。

也许每个人看法不一样，但我认为，古话说得好，"和气最生财"，当看到人家附赠高额赠品的时候，我们还是应当保有一颗平常心，坚信"只要我们以温暖的笑容待客，客人一定还会继续充当我们的粉丝"！

正确判断自己的实力

当人们不能正确评价自己的时候，就容易犯错误，或是该干的事情却没干，说得严重点，甚至可能会引起社会混乱。所以我认为，要是说起我们对社会应尽的义务，最首要的义务，就是正确认识自身的价值。

这一点非常重要，无论你经营的是一家公司还是店铺，哪怕你只是经营一家小店，你也需要对自己的实力有一个正确的判断，否则的话，很容易招致失败。比如说，当你看到隔壁小店经过装修改造后，客流量变大了，于是你也想模仿，但这么做的话却不一定有好结果。

比起简单的模仿，你更应该思考的是，也许隔壁的店那么做很合适，但自己家却未必合适，有没有更适合于自己家店的做法呢？在正确判断自己家店铺实力的基础上，找到适合自己的经营方法，这一点很重要。仅仅是单纯地模仿别人，是很容易失败的。

最近的一种倾向是，只要某种产业能够挣钱，立即会有很多企业争先恐后地进入，都想分得一杯羹，结果却引起过度竞争，最后大家一起倒闭。这也说明了这些企业对自身判断不足，只知道眼热别人的成功，所以说正确的判断很重要，其中也有经营者个人的责任。

归根结底，经营者应对自己公司的实力有一个正确的判断，在此基础上决定经营方针，只有这样，公司才能够健康发展，并对社会做出相应的贡献。

和气生财

对于做生意的人来说，无论是什么时代，服务都是重要的内容，特别是今后的社会，产品将越来越专业化，服务也将随之变得更加重要。

事实上，那些生意做得很好的店铺，他们不但在推销上很有一套，在一些服务细节上也是下了功夫的。的确如此，真正的好服务，可不仅仅是等到商品出了故障或是缺货时对顾客态度热情，而是要做到未雨绸缪。比如说天气渐渐变热了，要用到电风扇了，你路过顾客家时就可以顺便问一声："去年您买的那台电风扇，用得还好吧？"或是"上次我给您送的货，用得怎么样啊？"等等。

总之，就是"多打几次招呼，和气才能生财"。

你做这一切时得真心实意，并不是说你关切地问了一声，顾客马上就能得到什么利益，他们只是会觉得亲切、安心，你也应当从这些小事中感受到一个生意人的喜悦与尊严。

这一点，说起来容易，做起来难，很多人就算心里明白，也未必能做得到。

如果你是店主，你必须经常提醒你的店员要做到这一点，无论你拥有几位店员，哪怕只有一位，也要让他养成这样的习惯。这样一来，你的店铺一定会生意兴隆。首先，店员能有这样的态度，那么他在推销的时候，也一定会很耐心地向顾客说明商品的用法。其次，他能够跟踪已经卖出去的商品，那么在其出故障之前，肯定也会帮助顾客进行保养，因而就不会遭到关于产品品质的投诉，真是皆大欢喜呢。

当然，这样的服务并不是只靠店家来做，而是应该由批发商、厂家再加上店家，三者协力实行。不过，毕竟店家能够直接接触到顾客，所以店家的作用是最大的。

不能只顾自己

　　有人认为，生意是我自己的，都是我一个人在打拼，其实这是很大的错觉。换句话说，生意既是属于你自己的，又不是你的，那不属于你的一部分，才是其本质的东西。当然你会说，正因为有客户，有供货商，你的生意才能持续下去，你应当感激他们，这没错。

　　但是除了客户和供货商，你还有一些很重要的关系需要维持：比如你家门口的那条道路，你每天都要走好多回，如果没有它，你的生意就做不下去了，所以你也得感谢这条道路。道路属于公共设施，都是靠大家纳的税金才能建设和维护，为了能够纳得起税，企业必须有利润才行，否则，你连你家门前的路都走不了。

　　不仅仅是道路，还有很多其他的公共设施你也在使用，享受着其恩惠，比如公安、消防等等，否则你也无法安心做生意。就冲着这一点，我们也应努力经营好自己的公司或店铺，争取赢利，然后缴纳更多的税金，回报社会。

所以我认为，作为经营者，应通过减少浪费、提高效率等手段，尽量获得适当的利润，这也是我们作为一个国民应尽的义务和责任。减少浪费体现在一些细节上，比如需打五次电话的问题争取打三次就解决，工作中这样的浪费还不少呢。只有这样，你才能减少经费，提高利润。同时，客户对于你获取适当利润这一事实也应给予理解。总之，为了大家共同的发展，这一点很重要。

价格中的附加精神

不久前，听到某松下产品的销售员说："我们店卖你们的产品，其他店也在卖。如果某产品在其他店的价格是 1 万日元，那我们也不得不把价格调低到 1 万日元，总之，大家都得向卖得最便宜的店看齐。"

虽然这听上去是理所当然的，但其后我又讲了一个我的观点。

我认为，所谓的商品价格，其实是包含配送以及售后服务等便利条件在内的一个综合价值判断，而不仅仅是"人家卖多少，我们就卖多少"这种单纯的横向比较。于是有人问："那如果顾客说，其他店卖得比你们店便宜，怎么办呢？"

我说，那是因为我的价格里包含了我们店的一种精神，也就是我们的灵魂，所以其他店卖 1 万日元的东西，我要卖 1.05 万日元。如果有顾客质问我，我就会回答："虽然是同样的产品，但在我们店，我们加上了我们的灵魂，所以价格与其他地方不同。"

我这么一说，大家似乎如梦初醒，说第一次听到这种说法，认为很有道理。总之，商品价格不应与其他店单纯做比较，而应是店主经过多方考虑，加上自己的灵魂价值和信用价值之后，再做出综合判断的一个结果。我之所以敢报出比其他店更高的价格，是因为万一有了任何问题，我敢为自己销售的商品负责，销售人员就要有这样的自信才行。

听了我的话，大家都产生了强烈的共鸣，在今后的工作中都变得更加主动、更加自信了，结果营业额也都有了提高。

生意人的感恩之心

我刚参加工作的时候，曾经从某位前辈那里听到这样一个故事：

某个城市里有一家非常高级的点心店。一天，有个乞丐推开了店门，提出要买一块小点心。对于店员们来说，还是第一次有乞丐上门来买东西呢，所以都感到很意外。

店员包好了一块点心，但毕竟对方是个乞丐，因此在递交的时候不禁犹豫了一下。

店老板看在眼里，于是走过来说："等一下，我来接待他吧。"

老板很有礼貌地把点心交给了乞丐，并收下了钱，之后还对他深深地鞠了个躬说："感谢您的惠顾。"

等乞丐出门之后，年轻的店员不解地问道："过去无论是什么样的贵客来买东西，都很少见到您亲自接待，点心由我们递交就可以了。今天为什么您会亲自招呼一个脏兮兮的乞丐呢？”

　　店老板和蔼地说：“你不理解，这不奇怪。让我来解释给你听。我们平时的客人都是些有钱有地位的人，店里的生意都靠他们，善待这些顾客是理所应当的。但你想想，今天这位客人为了品尝一下我们的点心，可能是把所有的零钱一分一厘地凑起来，才能买得起一小块，这样的客人对于我们来说，不是更难得吗？连这样的客人都来购买我们的产品，我们可是把生意人的好处全都占尽了，难道不应该由我这个店老板亲自接待吗？作为一个生意人，应该对他满怀感激才对。”

　　几十年过去了，这番话依然被我深深地铭记在脑海中，我经常反思：我有没有像这位店老板一样，对顾客心怀深深的感激呢？

综合性大医院和社区医生

随着时代的进步，各个领域都变得越来越专业化了，医学也不例外，分为许多个专科，我们身边也出现了不少规模宏大、拥有各种先进设备的综合性医院，但仅仅靠这些大医院，并不能满足人们所有的医疗需求，只有在接受精密检查或长期治疗的时候，我们才会去大医院，与此同时，还是有多达数倍的社区医生活跃在他们的私人小诊所里。我们平时有个头疼脑热或是受了点小伤，也还是愿意去找那些熟悉我们健康状况的医生，他们还可以上门诊治，并给予我们很多健康方面的建议，甚至我们生活上的烦恼，他们也愿意倾听。所以说，社区医生发挥着综合性大医院无法替代的巨大作用。

正因为综合性大医院与社区医生如此并存着，各自发挥着自己的功能，我们整个社会的医疗体系才得以确立。

其实不仅仅是医疗领域，在经营领域也一样，既需要大百货店和超市这种大型商业机构，这就好比是综合性大医院，而那些小店铺就像是社区医生一样，也是不可或缺的。

从消费者的角度来看，每种经营模式都各有优点，它们之间的关系是互补的，去大百货店或超市的话，可以一次性购买很多种类的商品，但家门口的小店呢，又近又亲切，你的喜好和需求，店员都了解，这些小店与顾客的关系十分紧密，能够让顾客有宾至如归的感觉，这是他们参与竞争的法宝。

无论经济怎么发展，也要给这些小店留下生存空间，在考虑整个社会的流通问题时，这一点很重要。

新时代的价格

做生意的方法有很多种，有些人喜欢与顾客讨价还价，这种方法有着悠久的历史，也就是说，当顾客希望你卖得更便宜点时，你就按照对方的要求，把价格降下来一点，假装自己吃亏了，实际上你还是赚了。但我认为，这种方法要是放在德川时代还说得过去，在当今社会，就有点落后于时代了。

我认为现代社会的经营者，应有自己的信念，树立正确的事业观，确保自己的公司能够得到适当的利润，在重视顾客利益的同时，也通过获得利润后为社会尽一份责任，最后实现全社会的共同繁荣。要想实现这个目标，就不该与顾客讨价还价，而是应该在一开始就调查研究，制定出一个合适的商品价格，就算有顾客来还价，也要拒绝，并让其理解自己的经营理念。

在这方面做得最好的是百货店。现在没有人会在百货店里讨价还价了。但假设百货店是可以还价的，那就会非常费时费力，你可能需要三倍的营业员来招呼顾客，这样一来，人工费用上去了，最终还是会反映在商品的价格上，否则的话，百货店就会经营不下去。所以，当今所有的百货店都是给商品制定一个合适的价格，也就是说"用定价销售"，只有这样才能提高效率，让顾客得到真正的实惠。

不仅仅是百货店，超市也一样。如果每样商品都可以讨价还价，顾客就不能有一个令人放心的购物环境，超市也需要大量的人手和经费，估计很快就经营不下去了吧。

一般的店铺也一样，如果全国所有的店铺都拒绝讨价还价，大家的效率都能提高吧。如果顾客评价某家店铺"虽不能还价，但是服务特别好，特别亲切"，那它就成功了。这也是符合时代要求的做法，只要坚持下去，相信它一定会生意兴隆并深受顾客喜爱的。

增加客户的数量

只要是做生意的人，谁不希望把自己的客户数量从 100 家增加到 110 家呢？

但要想真正实现这个目标，却没有那么容易，需要经营者平时多思考，到底用什么方法实现？然后还要努力去实施才行。

另一方面，却有一些人只顾埋头做生意，没怎么想着要增加客户，却在不经意间客户的数量增加了许多。

好的口碑有时候就靠"口口相传"。你还没有开口，客户就带来了他的朋友，还会向朋友宣传："这家店很棒哦，态度好，服务也好！"于是那位朋友就被打动了，"既然你这么说，肯定没错"，于是你无意中又增加了一位客户。

所以说，平时用心开拓新的客户固然很重要，但是也一定要把老客户服务好，这一点同样重要。

　　说得极端点，甚至可以说"守好一个老客户，就能增加百个新客户"，反过来说，就是"失去一个老客户，就等于失去了百个新客户"，不是吗?

把自己当作客户的采购员

作为一个生意人，应当对自己所销售的产品进行充分调研，在详细了解其功能性质之后，带着满满的自信去销售，才有可能成功。

你调研的时候，不仅仅要了解产品的性能与作用，你应把自己当作客户家的采购员，采购员的主要任务就是：根据需要采购到最合适的商品。所以你应当了解这个商品的品质到底怎么样？价格如何？库存量有多少？什么时候下订单比较好？总之，你需要考虑的因素很多，核心是自己公司的利益，这些都属于采购员的分内工作。

如果你把自己当作客户的采购员，你就会去了解你的客户现在需要什么，其所需要的是什么等级的商品，数量是多少。在这个基础上，你才能推荐合适的商品给他。就好比傍晚时分，一位主妇来到了某鲜鱼店，东看看西看看，正在犹豫不决的时候，店主走上前对她说："太太，您看看这条鱼怎么样？现在是它最肥美的季节，价格也不贵，您若是买回去，相信您先生也一定会吃得很开心的。"听了这席话，这位主妇一定会很爽快地掏钱买下这条鱼吧。只要顾客买得开心，你店里的生意也一定会兴隆的。当然，这规则不是仅限于鲜鱼店，而是所有的店铺都适用。

值得提醒的是，世间的采购员容易出现这么一种倾向，那就是：因为太忠实于自己的工作了，所以总是想买到更便宜的东西，买什么都要讨价还价，不把价格压到最低决不罢休。可能这也是人性的弱点之一吧，但是我不赞成这样。因为无论是什么买卖，都应当是一种买卖双方都满意的行为，只有双方都能进行恰到好处的利益交换，买卖才可能持续下去，如果无法持续，双方的利益都会受损。所以，当你把自己当作客户的采购员，尽心尽力地为客户服务的同时，也应注意这一点。

同行之间的友善

假设某天你的店里来了一位顾客，提出要某样商品，不巧的是你店里正好缺货，那么你该怎么回答呢？

如果仅仅说句"对不起，货卖完了"，会显得你缺少热情。如果说"对不起，眼下货卖完了，但我很快就会去找批发商，明天就能把货拿到"，顾客也会理解吧。

但是，还有人会这么说"我们家目前没有您要的货，但某某店里可能会有"，然后把顾客介绍到另外一家店里，或者直接拿起电话帮顾客确认其他店里有没有。

如果你这么做的话，顾客会非常感动，觉得你的态度是如此亲切周到，你虽然没有卖出商品，却赢得了信誉。

当然，能这么做的前提是，你与另外一家店的关系不错，否则的话，想这么做也做不了。所以说，平日里与自己的同行处好关系非常重要。

当今社会的竞争越来越激烈了，所以有人把同行仅仅看作一个竞争对手。当然，拥有竞争意识是必要的，但仔细想想，我们做生意，可不仅仅是为了竞争。一边开展着适当的竞争，一边与同行保持友善，是十分重要的。

即使有同行在你的店附近另开了一家店，与你的经营范围差不多，你也不应将其视作"眼中钉、肉中刺"，而是应该保持心胸开阔，而新开的那家店的主人呢，面对前辈时也应有一个谦虚仁义的态度，这样大家才能和平共处，共同提高顾客对你们的信任和认可度。所以说，同行之间保持友善，既是为了顾客的利益，也能使大家共同繁荣发展。

把客户当作亲家

每到结婚旺季，很多家有闺女的父母，心情就会变得十分复杂。把自己千辛万苦带大的女儿嫁到婆家，虽然心中有万分不舍，但为了女儿的幸福，又不得不这么做。此时父母的心中，一定是依依不舍之情与祈祷女儿永远幸福之心相互交织，再加上与亲家结缘的喜悦，真可谓是感慨万千吧。

即使女儿出嫁之后，做父母的也不能完全放心，他们会时常在心中挂念着："不知婆家人对我们的女儿是否满意？""女儿生活得如何？有没有成为一个称职的媳妇？"真是可怜天下父母心。

我们经营者的心情，就和刚刚嫁了女儿的父母一样，平时销售的那些商品，就好比是我们疼爱的女儿，所以，买我们商品的那些客户，就像是我们的亲家一样。

这么一想，即使是已经卖出的商品，也应时常挂在心上："不知上次那个产品，顾客到底用得怎么样？""不会发生什么故障吧？"我们甚至会上门亲切地询问："正好路过您这里，来看看上次的商品您用得怎么样？"那种心情，就和想去女儿家看看她到底过得如何是一模一样的。这么一来，我们与顾客之间也会结下深厚的信赖关系，远远超越一般的买卖关系。你如此深受顾客信赖与喜爱，还怕生意不会兴隆吗？

所以，建议你在销售商品的时候，一定要把商品当作自己的女儿，把顾客当作自己的亲家，这样你离成功就又近了一步。

维持行业的稳定是大家共同的责任

无论你属于哪个行业，要想实现行业的共同繁荣，首先得让整个行业都能健康发展、受到消费者信任才行。如果大家评论某个行业："值得信赖。无论去哪家店铺，都物美价廉，服务也好，我们可以安心购买"，那么你作为这个行业的一分子，也一定会生意兴隆的。

为了实现这一目标，这个行业内的所有企业都得健康发展，并得到顾客信赖才行，如果做不到这一点，一个行业内有很多家企业都不健全的话，顾客也会认为"这个行业很糟糕，不值得相信"，然后整个行业的信誉都会受损，从此一蹶不振。

所以说，各家公司首先应当使自己的企业健康发展，与此同时，还应与其他同行协调互助，不断提高整个行业的共同信誉。并不是说"你与其他同行只要搞好关系就行，不需要竞争"，竞争还是需要的，因为没有竞争，就没有进步。

我主张大家应当开展正确的、有秩序的竞争，在竞争和对立的同时，不忘协调与和谐之心，这既是为了大家的公司都能够健康发展，也是为了提高整个行业的共同信誉。

在这个崭新的时代，有越来越多的行业整体深受人们的信赖，能实现这个可喜目标的行业，往往是行业内大家互助合作的结果，这也是经营者不可推卸的重要责任。

20 个小学徒的脸庞

　　松下公司刚刚开始生产的时候，我曾经亲自去东京推销公司的产品。记得那时我跑了很多家批发店铺，一家家地去展示，然后苦口婆心地劝人家购买我们的产品。批发商问："你这个货怎么卖的？"我回答说："一角五分一个。"于是批发商有些傲慢地说："这是市价。可是，同样的价格，我可以买东京的产品啊。为什么要买你这个大阪人的货呢？除非你卖得更便宜。一角四分如何？"还有把价格压到一角三分的。

　　批发商这么想有他们自己的道理，但当初我却认为，如果我卖贵了，你可以还价，既然市价是一角五分，为什么我不可以按这个价格来卖呢？可是他们的态度很强硬："你一个大阪人第一次来卖货就想卖出市价？想得倒美！真想卖就得便宜点，否则就请你走开！"渐渐地我也犹豫起来，心想，要不就按一角四分卖给他们算了？

可正在此时，我眼前浮现出员工们的脸庞，当时，我们的工厂有近 20 个员工，都是很年轻的小学徒，因为我是第一次赴东京推销，大家还很郑重其事地去车站为我送行。他们用智慧和汗水生产出来的产品，凭什么因为我个人的判断就便宜卖了？不，绝不可以！

于是我又耐下性子与批发商软磨硬泡，我说："老板您说的很有道理。可是这些产品是我们工人辛辛苦苦上夜班才生产出来的，员工里还有一些新人，不知费了多少心血好不容易才上手的，求您了，您就按照市价买下来吧！"这么一恳求，批发商的面部表情就变得柔和了，当时我跑了七八家批发店铺，最后有少部分的店主终于答应按市价买下了我的产品。

那之后我们公司不断发明、生产出新产品，每次去东京推销，都要因为价格问题费一番口舌，但我的原则是：决不轻易降价。这也带来了一个新问题——有的批发商根本就不与我讨价还价，因为他从一开始就没有买我产品的念头。于是我不得不重新认真思考价格问题，在一开始定价时尽可能地定便宜点，然后还要尽量保持价格的稳定，不轻易涨价。做到这一点很难，当时，"为产品定价"是一个长期困扰我的难题，我为此费了不少心。所幸最终大家都认为我们的产品"物有所值"，我对此深感欣慰。

爱惜商品

无论生意大小，生意场上有些道理是相通的。

比如说，应当爱惜商品，也是其中一项。人这种动物很奇怪，假如你给某人一张 1000 日元的纸钞，几乎所有人都会很爱惜它，要么放进钱包里，要么放进柜子或保险箱里，总之不会乱丢，好像这是仅次于生命的珍贵宝贝一样。

但如果是一件商品，人们的态度就会草率得多，同样是价值 1000 日元，它却很容易被人们堆放在店铺的某个角落，根本无人整理，任由它上面布满灰尘。

按照我的经验来看，凡是有这种现象的店铺，都不可能有太大的发展。

也许会有例外，但大多数店铺的结果都与我观察的一样。反过来说，凡是把商品看得与钱一样重要，并认真进行管理与陈列，无论何时都保持店面整洁、美观的店铺，都会发展得很好。

　　我认识的某位品牌代理，一直在苦苦思考"如何才能提高各零售店的业绩"，最后想出来的方法就是——每天下班后，他都要亲自跑两三家零售店，去干吗呢？去劝说人家把店面陈列得更整洁美观一点，甚至像店长一样亲自参与打扫和整理。这样坚持了半年之后，也许是被他的热心与诚意打动了吧，连那些零售店的老板娘都不好意思了，觉得自己应该带头把店面弄得更像样一点。于是，每个店都发生了很大的变化，业绩自然也就随之上去了。每家零售店的业绩增加了，他作为品牌代理的业绩也增加了很多。

　　看上去很小的一个行为，却包含着一个生意上的诀窍，那就是：无论生意大小，请爱惜你的商品，因为商品就等同于金钱。

重视服务精神

大家都说当今社会，人与人之间的关系变得越来越淡漠了，我认为越是在这种情况下，越是需要服务精神。服务精神就好比是润滑油，在生意场上，可以毫不夸张地说："一切从服务开始。"

顾客能否满意，取决于你是否能够提供足够的服务。顾客只有满意了，才会支持你，你的公司才有可能繁荣。

做生意的人当然不必说了，就算你只是个普通人，也需要有为他人服务和奉献的精神。比如，为朋友奉献，为自己的公司奉献，为顾客奉献，为社会奉献，总之，这种精神不可少。

照理说，在公司或店铺里工作的人，为自己所供职的单位服务、奉献是很容易做到的，但我却发现很多人并不清楚该怎么做。

国与国之间的关系也一样。因为缺少服务精神，有些国家就落后了，变得不那么受欢迎了。所以我认为，在当今时代，无论是国家之间，还是个人之间，都不应忽略服务精神。

关于服务，内容其实也十分广泛。脸上挂着微笑、时刻彬彬有礼是服务，尽量选择正确的工作方法也是一种服务。

在走廊上偶然相遇的时候，连个招呼也不打的人，在我看来，是缺少服务精神的。即使不认识对方、不知道对方是不是自己公司的客户，也应鞠躬打招呼，这是做人的起码规矩。猫和狗遇见陌生人会叫、会扑上来咬或是悄悄地溜走，可我们是高级动物——人，看到有人到自己公司来拜访，那肯定是有工作关系的合作伙伴，微笑着打个招呼，这也算是一种服务精神。

归根结底，所谓服务，就是一种正确的礼仪。

明君与忠臣

大约在 22 年前，第一次去欧洲访问，某大公司的社长对我说了这样一席话：

"松下先生，在我看来，消费者是国王，而我们就是为国王服务的仆人，所以，无论国王提出什么不合理的要求，我们都要听从，这是我们应尽的责任，也是我们的工作方针。"

最近在日本，也开始流行"消费者就是上帝"这种说法，但在 22 年前，我第一次听到上述内容的时候，感到很新鲜，也觉得很有道理。

赞成的同时，我也有点担忧。自古以来，国王都是以自我为中心，不太考虑民众的利益，结果臣民渐渐地都丧失了劳动意愿，陷入了贫困，最后国家灭亡了，国王也被赶下了台，这样的例子不在少数。

不管是否合理，任何事都按国王的吩咐去做，看上去是忠臣的行为，其实却是害了国王。所以在我看来，能冒着惹怒国王的危险，经常向国王提出谏言的人，才是真心对国王好，是真正的忠臣。

最近的社会风气是越来越重视消费者的利益了，这是一件大好事，但也请大家再次深思一下"消费者就是国王"这句话的含义。

我认为我们还是应努力成为明君与忠臣，只有这样我们的国家与社会才能实现真正的繁荣。

时刻关注客户与供货商

我主张"要爱惜商品"，说到底，爱惜商品其实就是爱惜自己的生意，二者是相通的。总之，我们要更加认真仔细地对待我们的生意。

也许你会说，做生意的人，谁不希望自己的生意兴隆？谁会马马虎虎地对待？大家都已经很努力了……但是根据我的观察，很多人做得还不够。

比如说，既然在生意场上，大家都想实现赢利，这是理所当然的，但只要能赢利就够了吗？很显然，远远不够。你得进一步深入思考，你赚钱是为了什么？如果没有一定的信念，你就无法感受到从心底涌现出的"想把生意做好"这股力量。

如果说是为了国家与社会，有人可能会笑话我唱高调，不就是做个生意赚点钱吗？没必要把自己抬那么高吧？我认为这种看法是错误的。其实谈论做生意赚钱与谈论国家社会是同等重要的事，我们经营者应当充满自信地认识到：做生意也是一项有品位的事业。

如果你拥有这样的信念，全神贯注于你的生意，你一定会时刻关注你的客户与供货商，因为他们太重要了，没有他们，你的生意就无法进行。这样一来，你的脑海中可能全是关于他们的事，你会不停地想："上次 A 家购买了我们的产品，我该去给他们的机器加油了吧？""这款新商品不错，我来给 B 家推荐推荐。"当然，对于你的供货商，你也会积极地提出各种建议吧。

如果你做不到这一点，我劝你还是趁早放弃你的生意吧。也许你觉得我夸大其词，但事实就是这样，经营好一门生意，的确需要你日夜操心，费尽心血。

对客户心存感激

在松下电器数十年的发展历程中，有过各种各样的回忆，其中有喜悦，有痛苦，还有极度困难的时刻，回首往事时，难免感慨万千。

但最令我难忘的，还是那些陪我们渡过各种难关的客户。

明天就该付款了，可是手头上却没有现金；商品根本卖不出去，堆满了仓库，走投无路了……每当这种时刻，伸出援手的，都是我们的客户。

据说在古代，大阪和江户的商人有个习惯，就是"睡觉时绝不能把脚朝着自己客户所在的方向"，因为那样太不敬了。很多文献中都有记载：这是当时商人必须遵守的一个规矩，很多人都知道。

过去的生意人深知，正因为有那些宝贵的客户，他们才能够生意兴隆，所以怎么可以把脚朝着客户所在的方向呢？那也太不像话了。就算是半夜睡得再香，如果听到客户家的方向传来火灾的警报声，也一定会拼命赶去救火的。这是江户时代商人应有的气魄和态度。

我自己也对客户怀着深深的感激之情，他们的恩情我会一直铭记在心间。

时代再怎么发展，人情世故依然存在。我感谢那些不顾个人得失，一直默默支持我的人，正是因为他们的存在，我才能成长为一个有能力为社会做奉献的人。他们对于我的意义，正在于此。

自我宣传很重要

随着时代的发展，商品的销售方法也逐渐发生了变化，我认为当今社会，"招呼顾客"这一行为变得越来越重要了。前些年，你只要向到你店里来的顾客说明一下产品的功能和价格，他也许就会心动了，然后把东西买走了。可是近年来，你需要更多地发挥主观能动性，要经常去拜访你的顾客，积极地向他们宣传，发现他们的需求。

作为销售人员，当你发现了一款好商品，觉得"这东西真不错，用起来真方便"，你肯定会想"我要尽快把它介绍给我的顾客，让他们也早点用上，他们一定会开心的"，你要带着这种心情，去拜访你的顾客，向他们强力推荐。我认为这一点很重要。

当然，有的人拜访顾客后，发现"这么做可以多卖些货，多赚点钱"，这么想也无可厚非，业绩同样会提高的。但我认为，真正懂得销售之道的人，他首先会确信"这的确是一款能给顾客带来好处的商品"，在此基础上再进行强力推荐。

如果你这么做了，顾客也一定会感受到你的热心与诚意，会想"那我就用用看吧"，试用之后发现果然方便好用，于是对你的好感与信赖大增，然后你的生意也会越来越兴隆。如果你带着喜悦的心情招呼顾客，你的心情一定会感染他们，然后你的生意也会变得越来越好。

对商品要有自己的建议

批发来一些商品，然后卖给顾客，做生意这么简单吗？绝不是。在我看来，生意人至少还要能做到这一点：对商品要有自己的建议。

也就是说，做生意不是简单的买进卖出，你对某种商品要有自己的看法，要能不断向生产商提出建议，如"在这方面再改进一下就更好了"，"你们试着生产一下某种产品如何？"等等。

当然，负责生产的是制造商，开发、研究新产品，也是制造商的分内事，有些人会认为，我只管买进卖出就可以了。

但是你比制造商距离顾客更近，更能直接听到顾客的各种评价，包括对商品的各种不满和期待，你不能只是听听而已。如果想真正地为顾客做好服务，你应在听取顾客意见后自己再多加思考，琢磨出自己的建议来，将之转达给制造商，让他们在今后的生产中注意或实现顾客的期待，这一点很重要。只有做到了这一点，才能说你的生意对社会是有益的。听说在美国有很多生意人十分注重及时把一些创意转达给制造商，我相信这会成为引领社会不断创新的一股力量。

也许实行起来不是那么容易，但如果做到了，你一定能体会到更多做生意的乐趣，而且你会越来越被你的顾客以及制造商信赖，你的事业也会得到更大的发展。

正因为不景气

　　这个世界是由"人"相互作用构成的，所以我认为经济上的繁荣与不景气，也是人为造成的，而不是什么自然现象。照理说，不景气这种现象是不该有的，可现实中它就发生了。对于经营者来说，这真是一个令人忧心的问题。

　　但我想，面对不景气，总有解决的方法吧。有的人可能会认为："正因为不景气，考验我们公司的时刻到了。""越是不景气，我们越是要在这一轮经济危机中做出精彩的表现！"我赞成这种正面性思维，不景气的时代，的确是一个考验公司实力的机会。在这种情况下，有的公司抓住这个时机，比往常更加努力，真的实现了进一步的发展与繁荣；有的公司一开始就丧失了斗志，觉得"到处都不景气，自己的公司肯定也要倒闭了""完蛋了！"，这么想的公司往往到最后真的都倒闭了。

　　具体来说，可以趁着不景气，把去年忙得没顾上的售后服务再做得彻底一点；可以把店铺重新布置一下，效率再提高一点，总之，减少浪费和因管理不善而带来的抛洒滴漏。做这些不能依靠外力，而是要依靠自己至今为止一步步积累下来的实力与经验，踏踏实实地做，其他公司正因为不景气而停滞不前呢，这样一来，你的公司与其他公司的差距就显露出来了。

所以说，也许不景气对于你的公司来说，正是一个千载难逢的好机会呢。做生意是一门学问，按照个人的想法和做法操作，结果千差万别，因此，值得我们日夜推敲。

提高整条街道的品味

为了更好地吸引顾客，我们都知道要把店面收拾整齐，商品排列得更一目了然。其实这不仅仅是为了吸引顾客，还有着更重要的理由。

那是因为店铺不仅仅是你做生意的地方，还是整条街道的一部分，对整条街道是否美观也有很大的关系。如果一条街上都是一些口碑非常好的店铺，那么整条街道都会充满活力，形成一个良好的购物氛围。

因此，我们需要进一步把自己的店铺收拾整齐，通过这种实际行动来提高整条街道的形象与品味，最终为整个地区的经济和社会发展做贡献，这也是我们经营者的一项崇高使命。

我去过的某些店铺街，每一家店铺的服务态度都非常好，使得这条店铺街美名远扬，很多偏远地区的顾客都特意前来购物，就像巴黎的香榭丽舍大街那样，吸引了全世界的游客去消费，我们国家也应多培育出一些像香榭丽舍大街那样有品位的商业街。从这个角度来说，把自己的店铺布置得更美观更有吸引力，不仅仅是为了使自己家的生意变得更兴隆，而是为了提高整条街道的品位，促进整个地区的商业繁荣。

所以经营者也应站在更高的角度去开展经营，只有这样我们才能理解经营的真谛，做出一番事业。

利润来自供货商

自古以来，商界有句名言叫作"利润来自供货商"，说的是只有擅于采购的商家，才有可能赢利。首先你得采购到好的商品，其次你得尽量用一个合适的价格采购，只有这两点都做到了，才有可能获得利润。这就是这句名言的内涵所在，的确，要想做好生意，采购是关键。

所以说，为了维持生意，你首先要找到能用合理稳定的价格为你提供好商品的供货商。供货商和购买你商品的客户同样重要，你得珍惜与供货商之间的合作关系，否则你就不可能成功。这个道理看上去很浅显，大家都明白，但当今社会的现实却是：很多人做不到这一点。

我经常听到公司里的人向我抱怨说，有些负责采购的人很蛮横无理，他们对"利润来自供货商"的理解就是："要拼命压价。价格压得越低，自己就能赢利更多。"这种想法未免过于狭隘片面了。如果不能站在更高的角度来理解这句话的含义，就不可能真正地把供货商看作是与客户一样重要的存在。

我知道不少公司或商铺成功的秘诀就在于"善待供货商"。你越是这么做，供货商越会感动于你的诚意，从而产生"他们这么理解我们的不易，对我们这么好，我要以更便宜的价格为他们提供更优良的产品"的想法。这就是人情。你只有与供货商真心相待，结下深厚的信赖关系，才有可能像上述名言所说的那样：从供货商那里获得更多的利润。

货款的回收与支付要时刻放在心上

作为一个经营者，我们有很多需要关注的事项，其中最重要的一点就是"在生意上，态度必须真诚，行为必须正确"，落实到具体行为上就是——"货款的回收与支付要时刻放在心上"。

最近，企业倒闭的现象在不断增多，为什么会倒闭，也许每家公司都有自己的苦衷，但我认为其中一个主要原因就是：散漫经营。经营上的散漫会体现在各个方面，如果你对货款的回收与支付都漫不经心的话，终有一天会受到惩罚：你的资金链有可能会断裂，你的公司有可能会倒闭，所以千万不可以只埋头销售，而不把资金的事放在心上。

这个问题不仅仅限于中小企业，最近一些所谓的大企业都变得很松散，由于散漫经营而导致失败的事例随处可见。

金钱方面一松散，其他方面也会变得松散。那些经营健全的公司，往往都对资金十分敏感，无论是该回收还是该支付的货款，经营者都时刻放在心上，都有周到严密的计划。所以说，生意不分大小，只要你想认真经营，必须在资金方面严格要求自己，真诚对待你的供货商和客户，这一点，是你事业成功的关键。

我认识的某家批发公司，生意做得并不是很大，但在当今竞争这么激烈的情况下，依然年年利润都有所增加，取得了不错的发展，而且他们公司还深受零售店的喜爱和供货商的信赖，正因为他们平时十分重视货款的回收与支付，他们才真正做到了"态度真诚，行为正确"。

无须什么高深的理论，正是这些貌似平常的行为，才使得商家之间相互信赖，整个商业圈才得以繁荣发展。

夫妻关系和睦很重要

50 年前，我还在单枪匹马地独立战斗，当时我仅仅是生产各种插座和自行车灯所需的电池等小物件，然后卖给电器店铺。

那时电器还属于新兴产业，电器店铺都是个人经营的小规模店铺，很多人都是白手起家，所以资金都不宽裕。

因此，那个年代做生意有很多不安定因素，时有"欠账不还"的现象发生，同行中甚至还有人因此而破产了。

在这种情况下，合作伙伴是否讲信用，就成为一个重要问题。可是，靠什么来判断对方是否值得信赖呢？

我们平时所说的"信用"，首先是物质层面上的，比如，资金是一个重要因素。但是 50 年前，我自己没什么资金，那些电器店铺也没有充足的资金，大家都没有资金上的余裕，所以很难通过资金来判断，难道因此就可以轻率地断言一个人不守信用吗？如果不信赖对方，又怎么与对方做生意呢？

在这种情况下，我想到"人"这个宝贵因素，因为都是个人经营的店铺，因此可以观察店铺主人是否值得信赖。但如何判断一个人是否值得信赖呢？我发现了一个好的角度，那就是，看店主的夫妻关系如何。

有的店主夫妻关系非常好，总是两个人齐心协力地干活，有时老板出门办事去了，就留老板娘一个人在家看店，这种类型的往往值得信赖。

不过，偶尔也有些例外，某家店铺店主的夫妻关系看上去不错，但最后还是破产了。我后来才听说，他们是先有了很深的矛盾，然后才破产的，可见夫妻关系对生意也有很大影响。

回顾当年，很多同行都破产倒闭了，我的公司能够在激烈的商业竞争中生存下来，最要感谢的是我的那些客户，要是他们经营不下去了，我肯定也会破产，所以在那个年代，我通过夫妻关系来考察一个人是否值得信赖，可以说基本是正确的。

夫妻和睦是一件多么好的事啊，良好的夫妻关系，不仅可以为你带来经营上的信用，还会给你带来其他好运。

绝对放心的境界

最近，经常听到人们说"流通革命"这个词，在商业领域，也发生了日新月异的变化，产生了很多难以解决的问题。

各种新产品层出不穷，流行趋势也变化多端，同行之间的竞争越来越激烈，还出现了批量销售的超级市场。随着城镇化的发展，各个城市都发生了巨大的变化，商业环境也与以往有了很大的不同。

在这种情况下，我们经营者也十分烦恼，担心自己是否能够跟得上这个时代？能继续生存下去吗？不仅是从事销售的人，就是那些制造商，也有同样的不安。

后来我发现，不管是批发商还是制造商，无论你身处什么行业，什么时代，都不可能有绝对放心的时刻，你总会面临各种各样的困难、不安与苦恼，只有靠不断努力，才有可能走出一条属于自己的道路。

谁都希望没有烦恼不安、轻轻松松就能获得成功，但这是不可能的。所以在当今这个激变的社会，流通领域的各位有种种烦恼与担心，也是正常的。

也许在这些多端的变化中，各位反而能找准自己的位置，做出一番事业来呢。只知道担忧，觉得自己"完蛋了，完蛋了"，不仅什么创意都不会产生，反而会陷入真正的失败。我们经营者正因为有担忧，所以才会不断努力，在经营管理上取得进步。要坚定信念，相信"无论怎么困难，总会有我们生存的空间"，无论经营规模是大还是小，要在变化中求生存，想尽办法为客户提供服务，满足他们的需要，不断思考新的销售方法，只有这样，我们才能更加从容地应对当今社会的"流通革命"，只有拼命努力的人，才能达到绝对放心的境界。

充分发挥人的才干

在我的职业生涯中，有过从小企业到中等企业，再到大企业的各种经历，无论什么规模的企业，企业的经营者都是最关键的。企业不分大小，只要经营者率先垂范，以身作则，一般的问题都能解决。

因为你是经营者，所以员工们平时都会听你的，你说向东，他们不会向西。既然是在你的命令下采取的行动，如果失败了，那肯定是你的责任。当然，一个公司是否能够发展，是多方面的因素，但是我认为经营者肩上的责任是最大的。

也许有人会说，我作为经营者拼命地工作，可是我的员工不配合，所以公司发展得不行，也许这只是个例外吧。但一般来说，一个公司是否能够发展，主要还是经营者的责任。

我个人也是这样，无论在什么状态下，都是把所有责任一肩挑，工作中甚至经常自问自答，不停地进行反省。同样，在我眼中，一个部门的责任都在部长身上，一个课运转得怎样，责任都在课长身上。

如果课长是一个责任心很强的人，工作忙不过来的时候一个人留下来辛苦地加班，部下见到了会怎么想呢？肯定有人会感动地说："课长，您休息一下吧。我来帮您揉揉肩膀吧。"无意之中，课长与部下的心贴得更近了，他们都会产生一种强烈的集体归属感。

如果课长拼命努力工作的态度能够让部下产生恻隐之心，那么这个课肯定是一个团结奋斗的集体。

所以说，一切责任都在于课长、部长甚至社长。

公开公平的竞争

竞争十分重要，正因为有竞争，同行之间才会不断地切磋、琢磨，并提升自己的服务，最终整个行业和社会都能够得到促进与发展。

但同时我们应当明白，竞争本身并不重要，但通过竞争，人们会在各方面产生创意，并改善原先的做法，而在竞争的同时，整个行业的利益也会得到保护，全体国民可以实现共荣共存，这才是竞争的本质意义。

直截了当地说，竞争必须在公开公平的情况下进行。有些人一心只是想打败对方，不惜采取不正当的手段，甚至利用权力或资本来威慑对方，对于这种行为，无论是生产商还是批发商、零售商，都应坚决制止。

有些人不顾社会影响，只图扩大自己的销路，甚至强买强卖，这种行为会扰乱批发商与零售商之间的关系，最终损害到生产商与消费者的利益，甚至是社会与国家的利益。一个行业如果陷入了混乱，脆弱了，受损的还是消费者，并影响到整个社会的健康发展。

　　无论是生产者还是消费者，都不能只考虑自己的利益，大家应当思考怎么做才是正确的，才能使整个社会和谐发展，考虑问题时应以此为准则。

　　还有的人把不合理的降价当作竞争，当成是一种服务，这也会扰乱市场。

　　这些不合理的行为，很容易影响到货款的回收与支付。一家企业倒闭了，很容易带来连锁反应，最后大家像棋盘上的棋子一样，全都倒下了，整个行业也就被毁掉了。

　　这么一来，我们经营者的使命就不可能完成，商业对于社会的存在价值也就失去了。

　　所以说，无论面临怎样的困难，都应牢记我们的使命，在行业内开展公开公平的竞争，通过我们正确的商业行为，为消费者以及国家、社会做贡献。

04　关于用人方面的心得

雇用人才的第一步

中小企业目前面临的一大苦恼是雇人难，大企业也不例外，整个日本都面临着人手不足的问题。愿意劳动的人越来越少，无所事事的人却在增多，这说明我们的政治和社会出了问题。

人口如此众多，愿意劳动的人却越来越少，而无所事事的人也在持续增加……如果不触及这一现象的根本原因，就无法解决日本的用工问题。

可是，这个社会问题却不是一朝一夕就能够解决的。那怎样才能招到称心满意的人才呢？日本每年的初高中毕业生中，有好几万是不升学直接参加工作的，你的公司又不需要招几万人，应该说只要想招人还是能招到的。

但是为了招到合适的人才，你的公司也得拥有一定的魅力才行，这是先决条件。

提到魅力，大家可能会说，工资问题是重要因素，但我

觉得工资之外，还得有一些吸引人的东西才行。比如，熟悉
贵公司的学校老师，可能会对他的学生说"那家公司的老板，
人品真的很不错"或是"老板娘人特别好"，总之，你作为
老板或老板娘的人品也是很重要的，如果你们自身没有吸引
力的话，在当今社会，也招不到称心的人才吧。

　　日本社会有一个缺点，就是不够爱惜人才，还存在着浪
费人才的现象，这也是造成雇人难的一大原因。关于雇人难
背后的政治原因，就不在此赘述了，我只是觉得，要想招到
称心满意的人才，还是得先增加自己公司的魅力才行。

多看其长处

当今社会，无论走到哪里，都能看到很多公司十分重视人才的培养。但是经营者们又普遍反映，培养人才真的很难。

当然，关于人才的培养方法，是一个见仁见智的问题，但我自己多年的经验是：尽量多看一个人的优点，少看其缺点。有时因为过分关注一个人的长处了，难免会出现"委之以超出其能力重任"的情况，不过这也没什么。

如果只盯着一个人的短处，那我们不仅不能放心地把工作交给他，还会整天为其可能犯的错误而提心吊胆，这不仅会削弱我们在经营上的锐气，说不定还会给公司整体的发展带来消极影响。

不过，幸亏我一般都是看部下的长处，所以我很容易就能判断："这事交给某人一定没问题！他就擅长这个！""以某人的能力，一定能胜任主任吧？或是部长？或是把整个分公司都交给他经营？"往往在我们毫不担心地对部下委以重任后，他们的能力也真的能够得到锻炼，并很快地就成长起来了。

因此，凡是拥有部下的人，都应尽量去发现部下的优点，然后在工作中多发挥其长处，这一点很重要。当然，同时应多纠正其缺点，这也同样重要。总之，用七分力去发现其长处，用三分力去纠正其缺点，这样大致就可以了。

与此同时，作为部下，也应多看上司的优点，对上司要心怀敬意，看到上司的短处要尽力弥补，只有这样，你才能成为一个好部下和上司不可缺少的得力助手。人们不是常说：丰臣秀吉就是因为善于发现其主人织田信长的长处，所以成功了；而明智光秀只看到了织田信长的短处，所以失败了……历史上的教训也值得我们细细玩味。

关于人才的培养

　　每个经营者都希望自己的公司能够顺利发展，为社会的繁荣做贡献，为了实现这一目标，人才的培养不可或缺，而让每位员工都能得到成长，这也是公司的责任和义务。一个公司的经营者如果能有这样的认识，那么年轻人进了其公司，未来的发展前途一定很光明。

　　作为公司，首先要帮助员工树立起一个商务人士的基本价值观和社会常识，否则的话，很难想象这些员工将来如何在社会上立足。

　　有正确价值观的人，遇到事情基本上自己就可以做出判断，而如果无法做到这一点的人聚集在一起，充其量只能称为"乌合之众"。而有些团队，他们当中的大多数人对事情的各个方面都能做出相对正确的价值判断，这样的团队做什么工作都会比较顺利，也会为社会带来和平与繁荣。

　　不过，如何才能让你的员工树立正确的价值观呢？这是一个难题。我们只是凡人，不是全知全能的神仙，自己也会有困惑的时候，所以无法手把手地告诉员工每一步到底应该怎么做。

但是，我们可以培养他们"树立正确价值观"的意识，只要他们认识到其重要性，就基本能够做出正确的判断，做事时也不至于会有巨大的失败吧。同时，也要培养他们的思考能力和接受他人意见的心胸，经常对照他人的意见重新审视自己的思考，这也有助于对事物做出正确的判断。

只要我们在"帮助员工树立正确的价值观"方面不懈努力，不断地研究方式方法，相信我们员工的判断能力一定能够逐渐得到提高，最终，他们每一个人都会得到锻炼和成长，然后成为整个国家与社会的栋梁之材。

正因为喜欢才能变得娴熟

只要是经商的人，无不希望自己的生意兴隆，这也是人之常情，但是，很多人却无法如愿，这是为什么呢？

生意失败的原因固然有多种，但有一点是可以肯定的，那就是，与成功的渴望相比，你并没有付出相应的努力，没有下足够的功夫。没有这些付出，你对于成功的渴望再强烈也显得那么苍白，就好比是年轻人不切实际的豪言壮语。哪怕是一个再小的心愿，如果没有足够的决心和勇气去努力，也是很难实现的。比如说你向顾客推销某款产品，你的说话方式和表达内容，有没有经过准备和推敲？你自己是否确信这款产品的确值得购买？你只有自己把这款产品的功能与特点全面研究透了，才能够做出有说服力的说明，顾客才有可能购买，不是吗？

那么你怎样才能做到这一点呢？首先你自己要对这款产品产生兴趣，要喜欢上它才行。只有喜欢上它，你才会去努力研究，去发现其长处，然后你才能娴熟地向顾客说明它的功能和用法。这个法则也不仅仅限于推销，万事都一样，你必须先得喜欢，才会有耐心去下功夫。

所以，要想使生意兴隆，首先你得喜欢经商，而不仅仅是为了混口饭吃或是为了尽什么义务，只有真心实意地把它作为一项事业，沉浸到里面去，这样才有可能成功。其次，你选择人才的时候也要尽量选择那些适合经商、喜欢经商的人，所谓"适才适所"，就是这个道理，这样，你成功的概率就又提高了。

玉不琢，不成器

当今社会世风日下的一个原因是：作为社会之根本的"人"，没有被塑造好。

比如说，有些人在考虑问题时，只以自己为中心，或者以自己所在的小团体、自己的国家为中心，当然，爱自己、爱自己的小团体和自己的国家，无可厚非，但如果你不能用同样的态度对待其他人、其他团体和其他国家，那就有问题了。

当今社会很多人忘记了一项十分重要的美德：道义和道德。在商业领域也一样，经常会出现一些背弃道义的行为。比如说，过去的商家，会把付款期限牢牢地记在心上，到了月底，一定会如期支付，这是你对合作伙伴的一种崇高道义的体现，其中也包含了深深的感恩之心。

可是战后，因为大家都缺少现金，变成了用汇票支付，在那个战后重建的特殊时期，这也许是一个有效的措施，但随着日本经济的逐渐恢复，这个方法本应被废除，没想到它反而被保留至今，而且有愈演愈烈之势，于是，经营貌似变得更加容易了，结果却导致物价高涨，人心不古。

关于政治，我认为它应当有能够教育国民的强大力量才行，可是眼下我们的政治，却常常担任着一个向国民献媚的角色，政治上的放任与娇纵带来的恶果就是——人们不再把道义视为美德，这种风气在商业领域尤甚。

为了重建社会的道德体系，我认为我们的政治系统应当在保护国民利益的同时，也多发挥一些叱咤激励的作用，"没有规矩，不成方圆"，如果只是一味地阿谀奉承，国民就得不到成长。

每一把名刀，都是经过工匠千万次的磨砺之后才被锻造出来的，正所谓"玉不琢，不成器"。我总觉得我们在培养人才时，"磨砺"得太不够了。

用人不疑

经常有人对我说："你在用人方面很有经验，能不能与我们分享一下你的秘诀？"其实我在这方面并没有那么自信，所以很难讲有什么诀窍。但我仔细回顾了一下自己的职业生涯，也发现了一些用人方面的规律。

关于如何用人，我相信每个人都有自己的做法，有的人既聪明又强大，在用人方面很有一套。而我恰恰与他们相反，我既缺少智慧也不强大，所以只能借助他人之力，与部下商量着把事情做好，这种结果好像是自然形成的。

我发自内心地摆出一副谦虚的、商量的态度，部下觉得这比以权势压人发号施令更容易接受，又不好拒绝，所以只得尽力协助……于是在外人看来，就觉得我很会用人。

当然，每个人都有自己的做法，如果你是那种能力非常强的人，很多问题不与其他人商量也能正确做出决断的话，也许你使用命令的态度效率更高。当然，你因为效率高而产生的成果也要相匹配才行。

　　如果你的力量没有那么强大，那么你可以向我学习。我总是觉得手下的大多数员工都比我优秀，也许是因为我没有什么学历吧，所以我看那些年轻人，总觉得他们很了不起。

　　我非常信赖、依靠我的员工，正因为有这种思想，所以我可以很诚恳地对他们说："这事就交给你啦！虽然我干不了，但你一定行！"员工听了也会产生"一定要好好干"的意愿，就会格外努力工作，于是这项事业就更容易成功了。

　　这就是我的用人之道，所幸我成功了，也许这就叫作"无心插柳柳成荫"。

依靠众人的智慧

人们常说"天时、地利、人和"，我认为，"人和"最重要，因为所谓的"集思广益"，依靠的是众人的智慧，只有在"人和"的前提下才能实现。

一个公司如果能够做到"人和""集思广益"，我相信其管理层与员工一定是心灵相通的，上层的想法可以准确无误地传达给员工，员工的想法也可以向管理层表达，反之，如果上层的想法怎样都无法得到员工的理解，那么这个公司一定经营不好；若是员工的意见也没有向上反映的渠道的话，就更加糟糕了。

比如说，你是个课长，那么你得尽力让你下面的所有人都了解你的工作方针，如果他们有不认同的地方，也应向你指出原因，你们之间要有能够开诚布公讨论的氛围。

有很多公司做不到这一点。上面发布一个命令，还以为下面所有人都理解了，并可以执行，其实根本做不到，所以到最后结果与目标大相径庭。

比起"下达"，意见的"上传"更加重要，因为员工的意见有时会对社长的决策产生很大影响，所以这很关键。

为了使员工的意见更加顺利地抵达管理层，管理层也应拿出"认真倾听"的态度，并积极采纳其中有益的部分。在一个课或部门内，要形成"有什么问题都可以向课长反映、向部长反映"的风气，当然，做到这一点很困难，光是表面上理解还不行，要认真执行才可以。

如果一个公司真能如此，那公司内部就会出现"众人拾柴火焰高，每个人都是经营者"的喜人现象，还怕发展不好吗？如果是制造业，肯定能生产出好的产品；如果是销售业，肯定能受到合作伙伴的夸赞，总之，这个公司会前途无量。

尊重部下的提议

一个公司的经营者应该努力创造使每位员工都能够积极愉快工作的氛围，具体来说，应该在哪些方面加以注意呢？

我认为有一点很重要，那就是"上司或前辈，应尊重部下的提议"，因为只有这样，部下才会认真思考工作，积极提出一些建设性意见。每当部下向我提出一些建议时，我都会先肯定地说："你对工作很热心嘛，都想到那一步啦，真不简单！"

当然，这并不代表我马上就会采纳这位部下的建议，作为上司，我还要综合考虑方方面面的因素，权衡利弊，有时候不一定立刻就能付诸实践。

即使如此，我也会首先肯定部下的热情，然后再向他解释："眼下呢，是这种状态，实施的时机还不成熟，所以我们还要再等一等。你以后继续帮我多开动脑筋哦。"总之，要让部下感觉到："部下建议越多，上司越开心。"

"你这个想法不切实际！""那是不可能的事！"这种否定的话你只要重复三次，你的部下就会认为你根本不理解他的想法，渐渐地就会失去积极性，再也不会向你提任何建议了。然后他们只会像机器人一样完成你布置的任务，在工作中再也不创造、不思考了，这样的公司还能取得进步吗？

我很怕我的部下会变成这样，所以平时还经常督促他们，要大胆说出自己的想法，我甚至会对他们说："你们只要有好的提议，我一定争取采纳，只有这样，我们的公司才能发展，我们工作起来才有干劲……你们一定要多思考！"这一点很重要！

经营者的态度

对于公司的经营者来说，如何让员工更加努力地工作，是一个非常重要的问题。当然，对于这个问题，每个人的看法不尽相同，我认为，经营者对员工的态度，十分重要。

如果公司很小，是个仅有几位员工的店铺，那么你只需要率先垂范，一一命令他们"这么干，那么干"，就会有成果。

但是如果公司有成百上千名员工，大家的工作内容和职责都不同，上述方法就不合适了。

无论你用什么形式和方法表现，你心里得要有一种"想拜托员工"的心情，否则，很难调动这么多人的工作积极性。

如果你的企业已是 1 万人或 2 万人的规模，你就再也不用说"请这么做，请那么做"了，你只需要说"拜托各位，请多关照"就可以了。如果你的企业是 5 万人或 10 万人，估计你只能向员工双手合十地鞠躬、请求他们好好干了。如果没有这种态度，很难打动员工吧。

如果心里有这种"请求和感恩"的想法，哪怕是说着同样的话，听上去效果都不一样，你的部下听了之后，即使是很困难的工作，都会努力去开拓进取。如果没有这种态度，那么随便你怎么发号施令，部下都会无动于衷，最终他们的工作也很难出什么成果。

所以，你应当根据员工的人数调整你的态度，至少我是这么认为的。

某位批发商的怒火

在松下电器已经逐渐发展成一个四五百人规模的企业、越来越受信赖的时候，曾经发生过这么一件事。

有一天，我们的销售员从某个批发商那里回来，说那位批发商对他发了一通火，说了下面这段话：

"我好不容易把你们公司的产品卖给了零售商，结果全因为质量问题被退了回来，真把我给气坏了！你们也太差劲了！生产电器需要很高的技术，松下这家伙哪里干得了这个？以他的能力，只配去卖个烤红薯还差不多！你回去对你们老板说！"

销售员把这番话如实告诉了我，我当时很震惊，没想到那位批发商把我骂成这样，于是只好立即上门去道歉："我的销售员把您的话转告我了，实在抱歉！实在对不起！"

我这么一赔罪，那位批发商很不好意思地说："我那天在气头上，说什么您只配去卖烤红薯，没想到他们竟然如实告诉您了，请原谅我的失礼，千万不要放在心上！"

我再次向他道歉说："我没有生气，以后我们在生产的时候一定会加强管理，决不会再出现这种质量问题。"于是，双方化干戈为玉帛，握手言欢。

从此我还和这位批发商变成了亲密的合作伙伴，在很多方面都得到了他的支持。

我举这个事例是想说明，员工需要如实地把各种情况汇报给管理层，否则就会误大事。正因为我平时经常督促员工这么做，所以我才能听到那位批发商的真心话。

如果我平时不注重这一点，员工怕我生气，不敢告诉我实情，最多说一句："批发商生气了。"或是只告诉店长，店长怕我生气，也不敢说那句"只配去卖烤红薯"，我就无法掌握真实情况。

所以，经营者们即使听到逆耳的话也不要轻易地皱眉头、发火，否则你就越来越听不到真话了。俗话说："忠言逆耳利于行。"只有那些逆耳的忠言，才会提醒我们不断地反省、进步。

在公司内部也要尽量创造一种"遇到问题不捂、不掩盖，赶紧向上汇报"的氛围，只有这样你才能够及时了解情况，立即采取有效的措施。

补充章节

古今各种家训、社（店）训

我认为，当你要开始经营某方面的生意，或是开拓某项事业时，对于今后将采取什么经营方式、达到什么样的目标，你肯定是有自己的想法的。这些想法很重要，也是应当提前确定下来的。所以，当前很多公司、商业机构都制定了社训[①]，把他们的想法用文字表述下来。

回顾历史上那些著名的商家或是武士家，也都有自己的家训。首先来看看那些武士留给后代的家训吧。

上杉谦信家的家训：

心中无事时，心胸最宽广，身体也健康。

心中无自满，对人就谦和。

心中无欲时，则看重道义。

---

① 　日语中将"股份有限公司"称为"株式会社"，"社训"就是一个公司的经营理念。

心中无私时，就不会疑人。

心中不傲慢，就会敬他人。

自觉没有错，就不怕他人（非议）。

心中无偏见，方可教育人。

心中无贪欲，不会奉承人。

心中无怒气，言语自温和。

心中能忍耐，万事变调和。

心中无乌云，自然会宁静。

心中有勇气，万事不后悔。

心中无贪欲，就不好求人。

心中有孝心，行为自忠厚。

心中无自大，才知他人善。

心中无疑时，不会怨他人。

伊达政宗的遗训：

一、仁，超过了一定的度就是软弱。义，超过了一定的度就是呆板。礼，超过了一定的度就是谄媚。智，超过了一定的度就会撒谎。信，超过了一定的度就会受损。

二、要学会忍耐，勤俭节约。这个过程中你会感到不自由，但若是把自己当作天地间一来客，就不会感到痛苦了。

三、一朝一夕的饭菜，再不可口也应一边称赞一边将其吃光。把自己当作天地间一来客，无权挑剔。

四、见到任何人，无论是你的子孙还是兄弟，都应有礼貌地打招呼。

如此这般，武士有武士的家训，商家也有商家的格言。特别是那些代代相传的老店或是有优良传统的老公司，从祖上开始，都留下了一些很宝贵的社训、店训或家训，如：

三井家的家训：（三井家，属于创业初期就有巨额盈利的公司）

一、单棵树，易折断；一片林，无法摧。所以家庭成员要紧密地团结在一起，共同巩固家业。

二、营业收入中一定要留下一部分资金作为储蓄，剩余的才可进行分配。

三、尊重老人，每个家庭中都要推举一位年长者作为总管家，所有成员都要听从他的指挥。

四、同族之间绝不相争。

五、坚决禁止奢侈，严格实行节约。

六、强将手下无弱兵，所以要多启用能人和贤者。注意尽量不要让底下的人感觉不公而产生怨气。

七、主人要把家里家外，无论大小事情都常挂心头。

八、自己孩子到了一定年龄，应与其他店员同等待遇，同吃住、同劳动，绝不能以主人自称。

九、做生意，切记要见好就收。

十、应赴长崎，积极与外国公司开展贸易。

住友家的家训（广濑宰平）

一、任何人不得超越权限，独断专行。

二、不得以权谋私。

三、不得为了眼前利益，投机取巧。

四、不得在未经许可的情况下，利用职务之便，接受或私借财物。

五、工作中要严防失策、失误、怠慢和疏漏等行为。

六、不应有任何损害公司和个人名誉及信用的行为。

七、因为私事和外界发生金钱关系的时候，不可借用公司名义。

八、重廉耻，不可有贪污行为。

九、不在背后贬损议论他人。

十、不泄漏公司机密。

岩崎家（三菱）的家训

一、拘泥于小事的人，成不了大事。开展一项大的事业时，应先制定好经营方针。

二、一旦着手开始的事业，要尽量使之成功，不可轻易放弃。

三、不可抱着投机的态度做事。

四、经营一项事业时应有国家观念。

五、"一心为公、至诚"，这些原则要时刻牢记心间。

六、应当勤俭持家，待人慈善。

七、用人时要仔细鉴别对方的技能，做到"适才适所，人尽其用"。

八、优待部下，事业取得成功时，尤其应当让他们享受到更多的好处利益。

九、创业时要大胆，守业时应小心。犹如从水缸中取水，应防止抛洒滴漏。

看到这里，我们就明白，那些历史悠久的大公司，在创业之初，就开始遵守如此详细的守则，这一优良传统，在很多当今的大公司里也得到了传承。让我们再来看看这几家公司的社训吧：

电通株式会社的十条铁则：

一、工作要靠自己去找，去创造，而不是坐等上司的指令。

二、工作不是被动地接受。

三、尽量多参与一些大型工作，总是拘泥于小事，自己也会变"小"。

四、尽量多参与一些有难度的工作，这样你才能进步。

五、一旦开始着手一项工作，千万不要轻言放弃，哪怕失去生命。

六、要让你周围的人围绕着你转，一个主动的人和一个被动的人，时间一长会产生巨大的差距。

七、要有计划。如果拥有长期计划，就会更加忍耐、精益求精和充满希望，努力的方向也更加正确。

八、对自己要有信心，如没有自信，你工作起来就没有魄力，也不容易持之以恒。

九、要有服务意识。要多动脑筋，做到耳听六路，眼观八方，不可有丝毫疏漏。

十、不要害怕与他人产生摩擦。有摩擦，才会有进步，否则你只会变得更加卑微。

长崎屋株式会社的"长崎屋精神"

我们销售"走遍世界都能引以为荣"的商品，最终是为了大家的幸福，同时也提升自身价值，实现与其他公司的共同繁荣。为了实现这个目标，我们将坚守以下六条准则：

一、和气、亲切、协调、互助。

二、卫生、清洁。

三、诚实、公开透明。

四、不忘"创造"和"研究"精神。

五、自始至终竭力奋战。

六、牢记责任意识。

《朝日新闻》社的《朝日新闻纲领》

一、坚守不偏不党的位置，坚持言论自由，为实现民主国家和世界和平做贡献。

二、以"正义和人道"为基础，献身于国民的幸福，与一切违法、暴力和腐败行为做斗争。

三、公正、迅速地报道事实真相，评论要以进步精神为基础，中立公正地进行。

四、平时不忘宽容之心，注重责任与品味，保持既厚重又清新的文风。

钟纺株式会社的经营精神

一、爱与正义的人道主义

经营要以"生命和人格"为最高价值。

二、科学的合理主义

经营要以真实和真理为基础。

三、为社会、为国家的奉献精神

通过生产物美价廉的产品，对消费者进行奉献；同时，通过生产经营，对社会和国家进行奉献。

松下电器的纲领

贯彻产业人之本分，谋求社会生活的改善和提高，以期为世界文明的发展做贡献。

松下电器的信条

进步与发展若非得到各位员工的和睦与合作，殊难实现。各位要以至诚为旨，团结一致为公司工作。

松下电器应奉行的精神

一、产业报国之精神

产业报国为本公司纲领的基本，我等产业人应以此精神为首。

二、光明正大之精神

光明正大乃为人处世之本，无论如何才学兼备舍此精神则不足为范。

三、团结一致之精神

团结一致为本公司所标榜的宗旨，无论荟萃了如何优秀的人才，倘若欠缺此精神则仅为一群毫无力量的乌合之众。

四、奋斗向上之精神

为实现吾辈之使命奋斗拼搏是唯一之真谛，舍此精神无法赢得真正的和平与进步。

五、礼貌谦让之精神

为人者倘礼仪紊乱，缺少谦让之心，则社会秩序难以维持正常。唯有正确的礼仪和谦让的道德，才会净化社会的情操，润泽人生。

六、实事求是之精神

进步与发展倘不顺应自然法则，殊难得到。因此，如不顺应社会的发展趋势，人为地持偏执态度，则决无望取得成功。

七、服务奉献之精神

感谢报恩的心愿，能赐与吾人无限的喜悦与活力，深怀这一心愿则能克服一切艰难险阻，迎来真正的幸福。

另外，在我们松下电器公司的内部规定中，还有这么一段文字：

无论我们松下电器将来如何发展壮大，也不应忘记我们的经商理念，所有职员都应自主地各守本分，以踏实、谦让的姿态面对工作。

如上，我读了很多公司的社训，当然，日本有无数公司，也许还有很多有价值的内容我尚未看到，我列举的只是其中的一小部分。很多公司一开始规模都不大，可能只是一个 5 至 10 人的小店铺，正因为有了这些社训，大家依照其中的精神拼搏奋斗，然后这些公司就一步步繁荣发展起来了，一个个公司的繁荣最终带来了整个社会的繁荣。

就从这些公司的实例中，也可以看出一个公司的社训是多么必要和重要。

假设有两家小型公司，一家有 10 位员工，但没有自己的社训，我估计他们很难有很大的发展。另外一家只有 5 位员工，可是他们的社训中详细规定了经营理念和目标，我相信他们的发展一定会逐渐超过前一家。

日本各地有很多经营了百年或几百年的老店，我相信他们不管规模大小，一定都有自己代代相传的家训和店训。

我认为，作为经营者，一旦制定了社训，就一定要自己带头遵守、实行，千万不能自己不遵守，却要求员工遵守，这是行不通的。只有自己率先垂范，诚心诚意地遵守，公司才可能繁荣发展。

总之，世上有无数公司，各公司有没有制定自己的社训，经营者有没有带头遵守、实行，这是一个非常重要的问题。

这里所说的社训，并不是指公司的章程，章程是章程，以何种态度去实施章程、实现赢利，才是社训所表达的内容。一个公司的章程，就好比一个国家的宪法。一个公司除了有章程之外，还需要有社训，用来指导大家如何实施章程。

对于一个国家来说，也需要有章程，那就是宪法，宪法就是经营国家时的章程。所以我认为，一个国家也需要有指导国民如何遵守宪法的"国训"。

遗憾的是，当今的日本，还没有"国训"，这也是现代社会越来越"百家争鸣"，出现各种混乱，在国内外很多方面还存在着一些不和谐现象的一个原因吧。章程规定得再严密再气派，不少公司最终还是倒闭了，对于国家来说也是如此，仅有宪法是远远不够的。我衷心地希望，我们的政治家和国民都能认真思考一下这个问题。

后记

在这本书中，我谈了很多关于经营方面的想法，不过说实话，就算你全部理解并接受了，真要在日常的工作中一一实行，还是有一定难度的。

所以说，重要的是，你在日常的经营过程中，要一边处理各种问题，一边学会思考和总结。

很久很久以前，记得是昭和 9 年（1934 年）的大年初一，我向松下电器的员工们赠送的新年礼物就是一句名言：

"经营中处处有诀窍，你发现了一个就等于赚到了一百万两银子。"所以说，在工作中你要擅于发现和思考，你总结和领悟出的商业诀窍，其价值可不止是一百万两银子，可以说是价值无限。

本书中提到的一些经营理念，我认为是无论什么时代都可通用的，但如今毕竟已经是民主社会，价值观与从前也有所不同，所以你无须生搬硬套，而是应当顺应新时代的发展，自己多思考，带着自己的创意多下功夫，走出一条适合自己的道路。

　　我的这些经营理念，你只需要把它们时常记在心底，就可以了。在做价值判断时，你还得要有现代人的意识和感觉才行。

下篇

实践经营哲学

　　我以一种不起眼的姿态开始创业，至今刚好整整 60 年。对于人生而言，60 年意味着花甲。生来体质羸弱的我竟然能够一直奋斗到今天，不禁让自己喜出望外。60 年来，一个草创时仅有 3 人的小公司，得到了社会上众方友人的大力抬爱，发展到今天，包括关联公司在内，员工数量已超过 10 万人。要说取得的成功，的确是大大出乎了我的预料，因此我由衷感激。

　　本书的内容，是将我本人 60 年创业经历中所积累、实践的对于经营的基本思考，也就是所谓的经营理念、经营哲学进行的汇总。谈到经营理念和经营哲学，可能会给人一种正统生硬之感。而我在这里，既不是进行学术研究，也不是进行系统整理。我所叙说的，归根到底只是一种实践。我的经验告诉我，只要按照这些基本理念开展经营，就一定能够成功。

从这个意义出发，值此公司迎来 60 岁花甲之年这一崭新的第二个起点之际，能够将自己对于经营的认识汇集成册，供广大读者参考，实乃荣幸。本书正是基于这种目的刊行的，希望得到广大读者的喜爱。

松下幸之助

1978 年 6 月

05　首先需要确立经营理念

我从事业务经营已有 60 年。通过亲身经历，我深感经营理念的重要性，也就是说需要拥有明确的基本思想，例如"我们的公司为何存在""我们的经营目的是什么""我们将采取怎样的经营方式"等等。

业务经营中，重要的方面有很多：技术实力很重要，销售实力很重要，资金实力很重要。当然，人才也很重要。而其中最为重要的，是正确的经营理念。只有以此为基础，人力、技术、资金才能真正发挥作用。同时，也可以说，它们也容易从正确的经营理念中演化出来。因此，为了促进经营的健全发展，首先必须从拥有一个正确的经营理念开始。这是我通过自己 60 年的经历，切身感受到的一点。

不过说实话，我自己也并不是从创业伊始起，就拥有明确的经营理念的。最初，只有我、妻子还有妻弟三人，可谓是为了糊口，才以不起眼的姿态开始创业的。那时在我们的头脑中，没有哪怕一点关于经营理念的意识。当然，既然是经商，我们多少也会思考一些诸如如何才能成功之类的问题。

不过，我们的想法都是建立在当时社会的普遍认识或者说经商的一般共识基础之上的，如"一定要生产出好产品""一定要不断学习""一定要善待顾客""一定要感谢供货商"等等，并为此拼命工作。

正是因为有了这种谦卑的姿态，事业取得了一定发展，员工人数也逐渐增多。此时，我开始感到，这种大众化的思维模式或许行不通。我认为，这种经商的一般性理念，以及社会普遍的价值观固然非常出色、非常重要，但除此之外，一定存在一种能告诉我们经商目的、被称为"生产者的使命"的更加高深的东西。

于是，我把自己对于这种使命的理解向员工做了阐述，之后，将其作为公司经营的基本方针在运营中加以推行。那还是 1932 年的事。由于拥有了一条明确的经营理念，较之于以往，我自身的信念也变得异常牢固，无论是对员工，还是客户，实现了强有力的公司经营，该说的就说，该干的就干。而员工们在听了我的阐述后也群情激昂，公司的所有人也都在使命的感召下积极投身事业。可以说，每个人都把全部身心献给了经营。自那时起，公司业务取得了飞速发展，连我本人都深感震惊。

不幸的是，此时战争爆发了，之后日本战败，在战后的混乱中，公司经营陷入了前所未有的困难。我认为在此困难中支撑我们的是作为一名生产者的使命感，以及"为何要开展经营"的公司经营理念。

可以说，公司的这一经营理念，无论是战前还是战后，基本上没有任何改变。建立于其基础之上的具体经营活动，会根据不同时代的特点有所差异，但唯一不变的，只有经营理念。所幸的是，我们一以贯之地遵循同一经营理念开展经营活动，得到了社会的广泛支持，并将其发展到了今天的地步。

战后，我们在海外获得了更多拓展业务的机会。即便是在这种情况下，经营的基本理念与在日本国内时也没有原则性变化。当然，适用的方法、具体的手段等会因不同国家的国情而有所区分，但最为根本的经营理念只有一个。只要以这样的形象开展经营，就一定能够被所在国家接受，最终取得相应的成果。

以上就是我个人的经验。它不仅适合于我自己，同样适合于所有经营活动。今天，社会上有大大小小为数众多的企业，小的拥有个体店铺，大的拥有数万员工。一般而言，说到经营，容易被当作企业的行为，不过仔细考虑，所谓经营，并不单纯是企业活动，可以说，它涉及我们每个个体的人生

经营，各种各样的团体经营，甚至一个国家的整体经营。这
所有的经营中，"经营的目的是什么""如何开展经营"这
些基本的构想，即经营理念是极为重要的。

如果一个国家具备"应该把这个国家引向何方"的经营
理念，各界、各阶层的国民就可以比较容易地根据这一理念，
切实可行地确定个人、组织或者团体的前进方向，相伴而生
的各种活动也会坚强有力。而与他国发展关系时，根据坚定
不移的方针坚持正确的主张，也容易构建各方均能接受的和
谐关系。然而，一旦缺乏这种经营理念，国民生活就会失
去依靠，变得四分五裂，而与他国的关系也只能逢场作戏，
被对方的举动所左右。由此可见，一个国家为了实现稳定
发展，拥有国家经营理念何其重要！

企业经营同样如此。可以说，只有具备正确的经营理念，
才能实现企业的健康发展。在时刻变化的社会环境中，准确
无误地应对频繁出现的各种问题，其最大的保障，就是企业
的经营理念。同时，拥有众多的员工，使其产生心往一处想，
劲儿往一处使的强大动力的，也是经营理念。

因此，开展经营时，不能单纯只想到利害关系或者业务
扩张，必须从根本上树立正确的经营理念。而正确的经营理
念，也必须深深地根植于人的人生观、价值观和世界观之中。

只有那里才能产生真正的经营理念。

作为一名经营者，从平素起就要培养自己的这种人生观、价值观、世界观。而正确的人生观、价值观、世界观，必须与真理以及社会法则及自然规律相一致。如果与之相悖，不仅不能称之为真正正确的人生观、价值观、世界观，由此产生的经营理念也将是残缺不全的。

归根结底，真正的经营理念，其出发点就是这些社会法则和自然规律。由此萌发的经营理念，尽管其具体运用方式会因不同时期的形势存在些许差异，但其根本内容，我认为是永远不变的。换句话说，参照人类本质和自然规律而形成的正确的经营理念，无论是过去、现在还是将来，无论是日本还是其他国家，都是完全通用的。这是我通过自身经历得出的结论。

由此可见，经常思考自然规律或者真理，拥有立足于正确的人生观、价值观、世界观之上的经营理念，并将其贯穿于时刻的经营之中，这是何等的重要！

06　把一切看作生成发展

所谓正确的经营理念，并非单纯是经营者个人的主观意识，它必须以自然规律和社会法则为基础。那么，这些自然规律和社会法则又是什么呢？可以说，它们极为广泛深邃，就算竭尽人类智慧也难以完全探究明了。不过，我斗胆认为，其最为根本的，应该是被称为无限的生成发展的东西。

我们所处的大自然、宇宙，从无限的过去到无限的未来，是一个持续着的生成发展过程。其中，我们的人类社会和日常生活，在物质和精神两方面也应该是无限发展的。

这一生成发展的规律，存在于这个宇宙、这个社会之中。我们的业务经营，也是在这种环境中展开的。正是意识到这一点，我本人才以此为基础，创立了自己的经营理念。

例如，我们常说资源是有限的。有的观点甚至极端地认为，几十年后资源就会枯竭，到那时，人类将无法生存。

但我从本质上并不认同这种观点。固然，如果单纯从个体的角度看待资源，每种资源都是有限的，会有用竭的一天。不过我认为，凭借人类的智慧，我们一定能够生产或者发现每种资源的替代品。人类迄今为止的历史进程也证明了这一点。与古时相比，今天的人口数量大为增加。不过，古时人口虽少，生活却异常贫困。而今天的普通民众，在某种程度上都过上了连过去的王侯将相也难以企及的生活。

这一切之所以成为可能，正是得益于大自然的安排，是大自然赋予了我们人类这样的使命。换句话说，是得益于作为庄严的自然规律和社会规则的无限的生成发展所发挥的巨大作用。

如果人类生活随着数十年之后的资源枯竭而变得异常贫困，那么人们之间的业务往来及相关活动将不得不停止。新的投资活动将会失去意义，业务本身很可能出现萎缩，甚至消失。

然而，如果站在宇宙万物日新月异，无限的生成发展持续不断这一观点之上看问题，上述的结论自然是错误的。尽管成长与发展的步伐因时代不同而存在差异，但只要人类的共同生活将无限地生成发展下去，那么，与之相应的物质追求、供给服务就必须要求做到与时俱进。否则，生成发展就无法实现。因此，对于企业经营而言，原则上必须源源不断地进行新产品的开发和投资。

既然是生成发展，那么在新事物不断涌现的同时，旧事物也将日渐衰退，乃至消亡。世间万物这种新陈代谢，就是生成发展的过程。在业务经营中，每件商品，每个工种，都会有一定的寿命期。不过，如果仅看到这一点，可能会忽略作为整体的更广层面的生成发展。

由此可见，人类的共同生活，以及将这种生活涵盖其间的大自然、大宇宙是无限发展的，我们正是在其中开展我们的经营活动。无论何时何地，这一基本认识都非常重要。只有以此明确的认识为基础，才有可能在任何情形下开展坚强有力的经营活动。

07　坚持人性论

经营是由人开展的。作为经营中心的经营者本人是人，从业人员是人，顾客及各种相关部门的员工也是人。由此可见，所谓经营，可以说是人们相互依存，为了人类的幸福而开展的活动。

因此，为了切实抓好经营，必须准确把握人的概念，了解人究竟具有怎样的特性。换句话说，必须坚持人性论。从这个角度出发，正确的经营理念也必须立足于这种人性论之上。

这不仅单纯针对企业经营，对于包括人生经营、国家经营在内的一切经营，以及人类所开展的一切活动，都是行之有效的。如果人类连自己究竟为何物都缺乏准确的了解，其开展的活动也一定缺乏正确性。举个例子，人类饲养包括马和牛在内的各种动物。如果想用最合适的方式把它们养好，首先就要准确认识马、牛以及其他动物的特性，比如它们都喜欢吃什么饲料，都拥有怎样的习性。只有掌握了这些动物的特性，养好它们才有可能。

人也同样如此。人具有与生俱来的特性。不过，人不是由其他之物饲养的，而是通过自己的双手来经营相互间的共同生活的。因此，为了以一个大家都满意的状态实现人类共同生活的稳步提高，人类自己准确把握自身的本性，即坚持人性论，是非常重要的。

在我自身经营理念的最深处，也存在自己的人性论。一言以蔽之：人是一种应该被称作万物之王的伟大且崇高的存在。人遵循生成发展的自然法则，不仅能够自我生存，还可以掌控万物，实现万物共同生活的无限发展。我认为，只有人才具有这种与生俱来的本性。

对于人，过去有各种观点。一方面，有人将人当作"万物之灵长"，视其为强悍伟大之物；另一方面，有人则认为人渺小而卑微。这或许是因为现实生活中的众生相千差万别的缘故。构筑起今天这样高度的文明、文化的是人，同时，在过去和现在不断诱发烦恼、争端和不幸的也都是人。这就是人的两面性。

所以，据说在西方，人的地位是处于神仙与动物之间的。也就是说，人既具有与神仙相似的一面，同时也具有连动物也不如的另一面。

我并不想否认人在现实生活中呈现出的上述状态。人性之中，的确具有可将其比作神仙或者动物的内在一面。不过，在综合看待拥有多面性的人时，必须首先承认，人具有万物之王的伟大本性。

万物之王这一表现，听上去或许有些傲慢自大。不过，我所认为的王者，一方面拥有领导、统治一切的权能，另一方面，也肩负着以仁爱、公正之心促成万物发展的义务。人为王者的意义就在于此，但绝非意味着任凭自身的欲望和感情去恣意支配万物。

人应该主动意识到自己与生俱来的这一伟大天性，以及与其相伴而生的王者义务，并在实践之中加以运用。这一点非常重要。那时，人将逐渐脱离终日为不幸与烦恼、争端与贫瘠所困扰的生活，更多地回归到伟大而崇高的本性。

今天，假如把"人"相互间的立场与工作进行换位思考，将会是怎样的一番景象呢？拿经营者来说，他们就是经营体的王者，被赋予了可以任意支配其领域所有人、物、财产的权限。而同时，他们又负有必须对这些人、物、财产给予情爱、公正和十分的关怀，使其最大限度发挥效能，以实现经营体无限发展的义务。如果经营者缺乏对作为王者所应该拥有的权限与义务的主动认知，其经营活动一定无法取得满意的成果。

　　人是遵循生成发展这一自然规律，被赋予了实现人类自身以及人类与万物共同生活、无限发展的权利与义务的万物之王。只有从根本上确立这种主动意识，也就是人自我评定的人性论，同时，每个经营体只有经营者树立了主动意识，被坚强信念所支撑的充满活力的经营才能应运而生。

08　正确认识使命

　　无限的生成发展，既是自然规律，也是社会规则。如果换个角度，可以认为这种生成发展也是人类的祈愿。也就是说，使以吃住行为中心的个人生活在物质和精神两方面都变得更加宽松舒适，是大家普遍的期盼。尽管其具体内容因人而异、因时代而异，不过，不追求美好生活的人是不存在的。

　　我认为，业务经营最根本的任务或者使命，就是满足人们提高生活文化水平的愿望。比如，人们都希望居家舒适，但如果没有建筑开发商，这一愿望就无法实现。与之相应，各种建材的生产供应商同样必不可缺。这样的生产供应业务通过相互间的业务经营不断展开。

　　不仅是住宅，包括生活物资的所有方面，甚至服务和信息这样的隐形之物在内，大批为满足人们生活服务的优良商品不断被开发出来，然后以一种合理的价格、适当的数量供应给消费者。这才是业务经营或者企业的使命所在。换言之，只有通过这一过程，"企业有何必要"这一企业存在的意义才得以实现。尽管每个企业提供的商品和服务各有不同，但有一点是相同的，就是通过这样的业务活动，为提高人们共同生活的水平做出贡献。如果忘记这一根本使命，任何企业的经营活动都无法真正做到坚强有力。

一般认为，企业经营的目的在于追求利益。对于开展健康的经营活动而言，利益确为不可或缺的重要之物。但利益本身并不是企业经营的终极目标。企业经营的根本，在于通过经营实现人们共同生活水平的提升。而在更好地遂行这一根本使命的过程中，利益的重要性才凸显出来。对此，一定要有正确的认识。

从这个意义来说，业务经营的本质不是私事，而是公事，企业是社会的公器。当然，形式上和法律层面上存在私人企业，其中还有个体企业。然而，其工作和业务内容全部是与社会相关的，是公众的东西。

因此，即便对于个体企业，也不能从私人立场和观点去看待它的存在方式，而是要经常从它的存在会对人们的共同生活产生怎样的影响、是正面影响还是负面影响的角度出发，进行思考和判断。

我自己也经常扪心自问，看看自己的企业活动是否做到了对社会和人们都有利。"如果我的公司不存在了，是不是会对社会造成某一方面的不利影响呢？如果一点不利影响都没有，也就证明我的公司的存在对社会已经没有任何意义了，那样一来，就只能将其解散了。当然，这样做会对企业员工和相关人士带来伤害，不过这也是不得已而为之。一个拥有众多人员的公共生产机关，却对社会没有任何正面作用，这是绝对不被允许的！"这就是我的想法，有时也会向员工进行灌输。

事实也是如此。拥有服务于提高人们共同生活水平的使命、作为社会公器开展业务经营的企业，如果其活动不产生任何效益，是不能被允许的。只有在现实工作中完成其使命，企业存在的价值才能得到体现。人们常提到"企业的社会责任"一词，其具体内容会因不同时期、不同社会形势而变化，但基本的社会责任，可以说无论任何时代都不会改变，这就是通过其本身的业务，为人们共同生活水平的提升做出贡献。

一切业务活动都要建立在这种使命感的基础之上，这一点尤为重要。

09　遵循自然规律

经营确实是一件非常困难之事。对于一个接一个不断出现的各种问题，必须准确应对。应该考虑的、应该做的事情数不胜数，处理时要想做到没有差错，绝非易事。不过，换个角度思考，经营又是非常容易之事。因为可以这么认为，经营本来就是为了让你成功而存在的。

我曾经被问及自己经营中的成功诀窍。当时我是这么回答的："也没有特别的地方。如果非要说有的话，就是遵循'天地自然之理'行事。"

遵循天地自然之理开展经营，听上去非常深奥。不过，这就如同下雨就要打伞一样。天下雨了就把伞打开，对于任何人而言，都是理所当然之事。因为要是下雨了不打伞，自然会被淋湿。

理所当然之事就理所当然地去做，这就是我经营的策略和想法。然而，任何人都知道下雨了要打伞，但到了经营和销售的场合，很多人却踯躅不前了。

举个简单例子。假如现在我们要把原价 100 日元的东西以110日元的价格卖出去。100日元的东西要是标价100日元，因为没有利润，所以不能称其为买卖。因此，原价100日元的东西要卖到110日元。如果社会上能够接受120元的价格，也可以卖到120日元。这就是按照天地自然之规律开展经营的方式。

进一步说，并不是把东西卖出去就结束了。东西卖掉了，一定会产生货款，所以要去收款。这同样是理所当然之事。

由此可见，我所说的"遵循天地自然之理的经营"，就是做该做之事。或许也可以表述为，按照天地自然之理一直走到底。只要将可做之事完完全全地做好，经营活动一定顺利，从这个意义上讲，经营不是极为简单之事吗？

生产出好的产品，附加正当的利润后将其销售，之后严格收款。只要按照这一程序去做即可。然而到了实际经营中，某些场合并非如此。抛开未能生产出好产品的情况不说，有些公司为了宣传而编造了种种理由，把原本100日元的东西以90日元卖出，既给自己造成损失，也给他人带来不便。

还有一种情况，就是卖出东西的价格还算合适，但收款较为懈怠，东西虽然卖出去了，而货款却没有及时收回，导致赤字破产情况的出现。这样的事例并不在少数。总而言之，这些都是未做应做之事的后果，也就是说，是违背天地自然之理的后果。可以说，经营失败，全部的原因都在于此。

　　我自己行事之时一直抱有这样的意识，即做该做之事，不做不该做之事。有时因判断失误，也会出现该做之事未做，而不该做之事做了的情况。不过从内心来说，我还是一直努力做到该做之事就做，不该做之事坚决不做的。

　　无限的生成发展是大自然的规律。因此，遵循这一规律行事，自然可以走上生成发展之路。如果仅靠小聪明去理解这点，反而会背离自然规律，最终导致失败。充分运用智慧，发挥才干固然重要，但最为根本的，还是必须遵循超越人类智慧之上的天地自然之理，去推进经营活动。

10　利益就是回报

　　每当谈及企业利益，总有一种倾向，认为其不应受到提倡。然而，这种想法是错误的。当然，如果企业将追求利益作为自身的最高目标，由此忘记了其原来的使命，并为实现这一目标而不择手段，那是不能被允许的。

　　不过，通过开展业务完成贡献社会的使命与追求正当利益之间并不矛盾。不仅如此，也可以认为，从社会获得的作为遂行使命、贡献社会的回报，就是正当利益。

　　这个问题可以这么理解。人们之所以以某种价格购买一件商品，是因为承认这件商品具有超过其价格的价值。比方说一件商品标价100日元，是因为人们承认其含有110日元、120日元的价值，所以支付100日元的货款将其买下。而如果说花费100日元去购买仅价值80日元、90日元的东西，抛开特殊情况，一般是不会这么做的。反过来，从供货方的角度来看，以100日元的价格卖出价值110日元、120日元的商品，这其中包括了被称为服务的东西。作为对于这种服务的回报，就需要给予利益。价值120日元的商品，经过种种努力以 90 日元的原价制造出来，然后以 100 日元进行销售。这种情况之下，作为对于商品制造过程中各种努力和服务的回报，商家可以从买家处得到 10 日元的利益。

因此，从原则上说，只要企业制造出的商品中所包含的努力和服务的要素越多，对于需求者及社会的贡献也就越大，作为回报而获得的利益也应该越多。我并不否认，社会上存在着没有服务和努力相伴的暴利，但那终究只是个例。一定要意识到，从本质上而言，利益是对于企业完成自身使命的一种回报。因此也很容易得出这样的结论，没有利益的经营，其对社会的贡献将非常有限，企业本来的使命也无法完成。

同时，从另外的角度来看，可以说，没有利益的经营是一种违反企业社会责任的行为。换言之，对于企业来说，企业在完成通过自身事业贡献社会的使命的同时，在其过程中获得了正当的利益，这一获利本身也是非常重要的。如果从企业的利益将通过怎样的形态被加以使用的角度去思考，这一问题马上就能得到答案。

今天，大约一半企业利益，首先要作为各种税缴纳给中央和地方政府。其金额，仅法人税就占到中央税收的 1/3 左右。下一步，扣除上述税金后，企业利益的剩余部分，又有至少20%到30%要作为红利分配给股东。其过程中也要征税，税率就算平均50%，也相当于企业利益的10%到15%。这么一来，可以认为近70%的企业利益作为税金缴纳给了国家。正因为有了如此数额的税收，中央和地方才可能制定政策，实施教育，振兴福利，或者充实完善其他社会设施。

因此，要是利益为不应提倡之物，所有企业都不创造利益，那将出现怎样的情况呢？不用说，那样一来，中央和地方的税收将锐减，最终将致使全体国民生活得不到保障。

在现实生活中，只要企业因不景气而导致赤字减产的情况出现一次，中央和地方财政也会出现赤字倾向，并会引发各种问题。这些都是有活生生的教训的。如果所有企业的利益能够得到经常性保障，即便有时税率下调，财政也可保持稳定，国民福利和各种社会设施也能够得到有效充实。

由此可知企业利益的重要性。因此，无论在何种社会环境中，企业在努力诚实遂行本来使命的同时，必须从其活动中获取正当的利益，然后以税金的形式返还给国家和社会。可以说，这是企业的重要责任。

社会上存在一种普遍倾向，就是当一家企业出现赤字时，人们会对其抱以同情。作为一种人之常情，这种倾向无可厚非。不过，这种倾向存在不妥之处。既然获取正当利益，将其返还给国家和社会是企业的社会义务，那么出现赤字，就是一种没有履行义务的行为，原则上是不能被允许的。因此，同情或许是一种人情使然，但我们一定要认识到，出现赤字本身并不是好事情，这是一种没有履行社会责任的表现。

在向国家和社会进行返还的同时，企业利益扣除税金后的 20% 到 30% 将作为红利分配给股东。今天，各企业的股票为数量众多的大众股东所持有。有的企业股东人数多达数十万。这种集中多方资金开展经营的形式，正是当今日本企业的特点。因此，对于股东，理应给予正当且稳定的红利。这同样也是企业重要的社会责任。

如果一家企业业绩不稳，出现经常性的较少分红甚至不分红的情况，股东也不可能放心地持有这家公司的股票。要是碰到股东以红利作为生活来源的情况，那么减少分红甚至不分红，还有可能会成为生死攸关的重大问题。这也从另一方面证明了企业获取正当利益的必要性。

还有另外一点也很重要，那就是企业为了对人类社会的无限发展做出贡献，其本身也需要不断地生成发展。这表现为企业需要经常性地进行新的研究开发和设备投资，以完善能够满足不断增大的社会需求的体制。

不过，开发和投资需要资金。这些资金从何而来？如果是政府项目，根据需要可以征税。不过民间企业无法做到这一点，只能自己想办法。这种办法就是获得利益，将其储备起来。

　　然而，就算企业自己创造了利益，其半数以上作为税金缴纳了，余下的 20% 到 30% 又作为红利分配给了股东，能作为内部储备的，也不过利益总额的 20% 左右。也就是说，从制造业来看，如果获利了 10 亿日元，能自己储备起来的，大约是 2 亿日元左右。为了获得 10 亿日元的利益，假设销售利润率为 10%，也就是说销售总额要达到 100 亿日元。换言之，即便企业销售额达到了 100 亿日元，其为履行自身固有使命而能够用于开发和新设备投资的，也不过区区 2 亿日元。这只是一个保底数额，要是连这种程度的利益都得不到保障，企业自身的生成发展将变得步履维艰。

　　出于上述原因，日常经营中，我将销售利润的 10% 作为正当利益加以追求。当然，所谓正当利润，根据行业及企业自身发展阶段不同而存在差异，但不管怎么说，我们可以从向国家缴纳的税金、给股东的分红、企业为履行使命的储备这三个方面来理解所谓的正当利益，同时必须主动而明确地认识到，确保正当利益是企业重要的社会责任。

　　另一方面，使政府和普通国民认识到企业利益的存在价值，同样非常重要。将企业的利益视为与国民福祉相违背的不应提倡之物的倾向确实存在，在中央和地方政府中也有表现，并成为误导政策走向的原因之一。这些错误的政策，最终会导致企业利益的减少，进而导致税收的减少。中央将为之所困，地方将为之所困，国民福祉的提升也将为之所困。因此，所谓的"过度利益"，也就是暴利固然不可取，但正当的利益，不仅对于企业自身，对于整个社会和全体国民福祉的提高，都是不可或缺的。对此，企业经营者自不待言，政府和国民都必须清醒地加以认识。

11　坚持共同繁荣

企业是社会的公器。因此，企业必须实现与社会的共同发展。作为企业而言，始终不停地拓展自身业务范围固然重要，但其目的，并非是为了实现自己一家企业的繁荣，而必须是通过其经营活动，实现社会的共同繁荣。而且在现实之中，自己一家企业的繁荣虽然短时间内有可能实现，却难以长期存续。因此，所谓的繁荣，如果不是共存共荣的概念，是无法实现真正意义上的发展进步的。这既是自然规律，也是社会规则。无论是自然界还是人类社会，共同繁荣应该是其本来面貌。

企业开展经营活动时，要与许多关联方打交道，包括供货方、经销方、需求方，以及提供资金的股东或银行，甚至所在的区域社会。企业通过各种形式与这些方方面面保持关系，开展自己的业务。以牺牲这些关联方的利益为代价获取自身发展的行为，是绝对不能被允许的，最终也会损害自己。总之，谋求与所有关联方共同发展是非常重要的，这也是企业谋求自身长期发展的唯一正确途径。

例如，为了满足需求方降低成本的希望，首先要向供货方提出降价的请求。这是非常普遍的做法。不过，这个时候不能仅仅要求对方降价，而是必须考虑到要让对方在降价后依然能够继续维持经营，也就是说，必须确保对方的正当利润。

在我的经营实践中，一直是这么想的，也是这么做的。在向供货方提出降价请求时，我总是保持着一种不能让对方吃亏的意识。如果对方满足不了我的请求，我会通过诸如请对方带我考察他们工厂等方式，与他们共同谋求改善工作之策，商讨即便降价也能确保其获得正当利益的办法。因此，虽说是请求其降价，最终却反而使他们喜出望外。

可见，对于供货方而言，充分考虑其正当利益是非常重要的。而对于承担产品销售工作的经销方，我同样做足了功课，使其同样能够获得所需的正当利益。同时，为了让需求方以合理的价位购买产品，我也制定出相应的产品策略和销售策略。总之，各方均能不断获取正当利益，从而实现共同繁荣，是异常重要的事情。

其间，有一件事情不能忽视，就是不能放松对经销方的催款操作。对于经销方提出的暂缓付款的请求，如果一味同意，表面上看是为对方着想，其实这反而会让其产生懈怠感。

这样一来，他们也不会积极向买家催款，长此以往，很容易导致经营的弱化，甚至给整个业界乃至整个社会带来不健全的风气。如果本方对于催款事宜严格操作，经销方就会按时支付，同时，他们也会认认真真向买家催款。这就为经营打下了坚实的基础，也给业界和社会带来了健全的风气。可见，这对于实现共同繁荣极为重要。

总之，所谓共同繁荣，就是在开展经营时，充分考虑对方的立场、对方的利益。说到考虑对方的利益，做起来或许有些困难，不过，至少应该把对方的利益与己方的利益摆在同等高度。这不仅是为对方着想，更是为自己着想，最终将有利于双方实现共赢。

然而，实现共同繁荣最困难的是在同行之间。同行之间存在非常激烈的竞争关系，而且往往容易陷入过度竞争中。

竞争本身是件好事。通过竞争，企业间会产生不输给对手的智慧与动力，产品质量可以得到提高，成本也会被控制在更加合理的范围内。如果没有竞争，产品质量无法得到保障，成本也会虚高不下。这些都是我们所熟悉的。

因此，竞争激烈一些是允许的，而且，竞争必须存在。然而竞争一旦过度，就会带来弊害。所谓过度竞争，是无法获得正当利益的竞争。有些极端的经营者，为了打赢竞争之战，甚至不惜牺牲成本核算，以极其低廉的价格销售产品。

这种无法获取正当利益的过度竞争一旦长期存在，整个业界都将疲惫不堪，有的企业可能会因此破产。出现这种情况的一般是资金薄弱的中小企业。那些资金雄厚的大企业可以支撑，因此，可能会导致所谓的大资本横行现象的出现。如果是由于缺乏经营能力导致经营失当而破产，那是没有办法的事；然而，即便是那些合法经营者，就是在获取正当利益的情况下，即便能充分应对正当竞争的人，一旦遇到过度竞争，也会由于缺乏充足的资金而破产。

诸如这种过度竞争击垮合法经营者的现象，会导致业界出现极大混乱，给社会带来重大弊害。如果每家企业都不能确保正当利益的话，税金将为之减少，国家和社会将走向倒退。可以说，这有百害而无一利。

因此，一方面，要把正当竞争最大化，另一方面，要把过度竞争作为一种罪恶加以铲除。那些资金雄厚、在业界位居主导地位的大企业，尤其应该自律。即便小企业稍微出现点过度竞争的苗头，只要主导型大企业毅然决然地坚持正当竞争，业界也掀不起大的波澜。这就犹如国际社会，就算小国之间出现过度竞争，比方说发生了战争，只要大国不被卷入其中，而是以公正的立场展开调停，战争就会被限制在局部，不久便会偃旗息鼓。而要是主导型企业率先挑起过度竞争，将会给业界带来如世界大战般的巨大混乱，业界将由此疲惫不堪，信誉也将一落千丈。

由此可见，尽管困难重重，但在经营实践中树立业界共同繁荣的意识是非常重要的。企业规模越大，对此肩负的责任也越大。

12　认定社会永远正确

　　企业通过各种形式，直接或间接地以社会大众为对象开展着经营活动。如何看待社会大众的想法和做法，对于企业经营而言极为重要。如果认为社会草率浮躁，人们之间缺乏信任，经营就会按照这种思维展开；如果认为社会是正常发展的，就会按照社会的需求开展经营。对此，我的看法是，总体而言，社会如同神仙一般永远正确。我的经营活动，也一贯建立在这种认识的基础之上。

　　当然，如果仅从个体考虑，世界上的人千姿百态，他们的想法和判断不能说全都正确。同时，受所谓的时代潮流影响，某一时期的舆论也可能导向错误的方向。不过我认为，这些差错都是个体的、暂时的，从整体和长远的角度来看，应该可以得出社会大众如神仙一般永远正确的结论。

　　因此，如果我们的经营方式出现问题，就会受到社会的批评和排斥；相反，如果没有问题，就会被社会接受。

　　这么一想，一种如释重负的安心感就会油然而生。如果社会的评判草率浮躁，正确的东西不能得到相应的承认，将是一番怎样的情景？那样一来，无论我们多么努力地开展正确的经营，都不会为社会所接受，我们将变得无依无靠，毫无价值。

现实生活中，不同的个体秉性相异。既然是人，他们的判断就不可能一直正确。如果仅仅因为个体身上存在的缺陷，就认为整个社会也充斥着错误，那么，在经营活动中你就容易感到孤独不安，费心劳神，疲惫不堪。

然而，一旦正确的东西能够得到社会的承认，我们只要一边探索"何为正确之物"，一边努力经营，必将得到社会的认可。因此，我们应该相信社会，做有益于社会的该做之事。没有比这更能让我们感觉放心的了。由此，我们可以坦荡地行走在康庄大道上。

自然规律和社会规则是无限的生成发展。而构成这个社会的大众的追求，基本上是不会偏离这些规律和规则的。因此，从这一观点出发，不断探讨"何为正确之物"，在认为正确时坚定地朝着那个方向前行，基本上就可以得到社会的认可。而从我自身的经验出发，社会对于正确之事还是从正面加以认可的。

不过，有时也会出现遭人误解，或者自己的想法以一种错误的方式被人接受的情况。这个时候，必须消除误解。同时，为避免上述情况的出现，重要的是要从平素开始，将企业的构想、业绩、产品以正确的方式向社会广而告之。所谓的广告宣传，就是为此而开展的。

不用说，此时必须严防虚假宣传，也就是超越自身情况的夸大其词。如果这么做，就算一时间蒙蔽民众的双眼，但真相水落石出后，反过来一定会令当事者的信用破产。林肯曾这样说过："你可能暂时欺骗所有的人，也可能永远欺骗一部分人，但你不可能永远欺骗所有的人。"作为政治家的他所说出的这番话，也完全适用于经营。毫无隐瞒、原原本本地告知真实的情况，从长远来看是非常重要的。

认定社会永远正确，在此基础上，开展为正确的社会所接受的经营活动。拥有这样的认识，就能开拓事业发展之路。

13 抱定必胜信念

企业为了履行使命，贡献社会，必须实现长期稳定的发展。如果企业业绩出现波动，不仅其固有使命无法充分履行，而且向社会返还的利益、给股东的分红，乃至员工的生活等方方面面都会产生不良影响。因此，在任何情况下，企业都必须取得稳定的成果。不过，所谓经营，只要按照正确的想法、正确的做法行事，就一定能够取得成功。这是一个基本原则。

自古就有"胜败乃时运""胜败乃兵家常事"的说法。对于战争，可以认为无论胜负都极为正常。经营也是如此。有时进展顺利，有时遭遇不顺；有时赢利，有时亏本，这些都极其平常。确实，在企业经营中，景气与不景气会轮番呈现，同时，运气成分也会被人提及。因此，企业业绩会被这些因素所左右，在现实中呈现出亏损与赢利交替出现的情景。

但是，我认为，从根本上来说，企业经营并非是这样被外部环境所左右，时好时坏的，而是在任何情况下，都应该是发展顺利、百战百胜的。

不过，我并不想否认"运气"这东西。相反，我认为它的确存在于我们中间，尽管无法看到，却时时刻刻都在发生作用。我在迄今为止的经营中一直保持这种观点：如果事情进展顺利，应该将其归结为"运气不错"；如果进展不顺，就将其认定为"原因在于自己"。也就是说，成功要得益于运气，失败要归咎于自己。

事情进展顺利时，要是认为这完全是凭借一己之力所致，容易滋生骄傲自满和疏忽大意，从而导致今后的失败。实际上，说到底，成功只是一种结果，其进行过程中细小的失误比比皆是，哪怕一步迈错都会导致巨大的失败。而一旦滋生骄傲自满和疏忽大意，这些细小的失误就会被忽视。但要是认为"成功是因为这次运气不错"，那么，就会对过程中的细小失误一一反思。

相反，当事情进展不顺时，要是一味将其归结为"时运不济"，失败的教训就无法吸取；要是认为自己的方法中存在失误，就可能进行深刻反思。今后，相同的错误就不会再犯。这才是不折不扣的"失败乃成功之母"。

而且，如果始终坚持"失败的原因在自己"这样的认识，也可以做到防患于未然。这样一来，失败将越来越少，无论遇到什么情况，经营活动都能够顺利地向前推进。

例如，如果经济不景气，产业界整体会出现业绩低迷、利润滑坡的情况。不过，并非所有的产业或企业都是如此。

其中，一定存在业绩稳步增长的企业。我们在现实经营体验中一定听到或者看到过，有的企业在业界整体萧条、几乎所有的同行都在亏损的情况下，仍然能够取得丰厚的利润。

有一种观点认为，不景气时无法获取利润，这是没有办法的。然而，现实的不景气中依然存在收益良好、业绩骄人的企业，这难道不是经营方式所导致的吗？也就是说，当业绩出现问题时，关键是对外寻找不景气这一外因，还是对内寻找自身经营方式这一内因。经营方式的潜能是无限的，若选择得当，一定能够成功。由此可见，无论是不景气还是其他，只要坚信车到山前必有路，并积极地去探索这条路，自然能够柳暗花明。

与景气时不同，一旦遇到不景气，经营也好、产品也罢，都会受到需求者乃至社会极为苛刻的审视。因为人们只想着买到真正的好产品。于是，对于经营活动能够经得起考验的优秀企业而言，不景气反而可以说是发展的良机。这就是人们常说的"景气固然好，不景气更好"。

为此，就要从平素开始，贯彻"失败的原因在于自己"的认识，对自己的经营严格审视，做该做的一切之事。如果做到这些，只要不发生战争或是大的自然灾害，企业在任何情况下都可以欣欣向荣地发展，不断履行其固有的使命和社会责任。

14　拥有自主经营的心理准备

　　经营的方式方法不计其数，其中非常重要的一点，是拥有独立经营、自主经营的心理准备。也就是说，无论是资金、技术开发，还是经营的其他各个方面，都要以自己的力量为主导。

　　战后，日本经济界和众多企业取得了飞速的发展。如今，不仅赶上了欧美国家，而且在诸多方面实现了超越。不过，要是看一看这一发展历程，不可否认的是，在相当程度上，日本依靠的是外力。也就是资金依靠贷款，技术依靠从国外引进，然后在国内加以应用。

　　战后的日本，战争摧毁了一切，必须从零开始迅速实现国民生活的重建复兴这一角度出发，在某种程度上，依靠外力是必要的。如果不依靠他人之力，就无法实现今天日本经济的高速发展，国民生活也将停留在极低的水平。

　　因此，对于依靠外力，不能一概加以否定和排斥。然而，从根本上说，经营必须依靠自己的力量。依靠他人之力，有时是必要的，而且那样会更有效率。不过，如果这种状态长期存在的话，人在不知不觉之间就会产生懈怠感，该做的事情也不能做好。同时，从企业的本性而言，要是对他人依赖过多，就容易为外部环境的变化所左右。比如资金方面，要是借别人的钱太多，一旦贷款利率上调，就会立即导致企业业绩的下滑。这样一来，就无法成为如"景气固然好，不景气更好"所反映的那种无论任何时候都能够取得稳固发展的企业。

因此，在资金方面，原则上要以通过积累形成的自有资金为中心。一般认为，日本企业相较欧美而言资金积累较少，自有资本比例较低。这固然有战后日本国情较为特殊的原因。不过，日本也存在强化内部资金积累，自有资本比例高于欧美的企业。正是这样的企业，在遭遇不景气时仍能保持业绩的稳定。

在提高自有资本比例时，国家需要出台相关的税收及票据政策。不过，最为根本的是每个企业都要充分树立这样的意识。与此同时，企业一定要充分认识到，为了做到这一点，必须确保自身的"正当利润"。

技术方面也是如此。过去，我们可以从海外引进先进技术，并加以应用。今后，这样做仍然是必要的。不过，我们更应该考虑的是进行自主研发，然后根据需要将我们自己的技术提供给其他国家。

我认为，与技术开发相关的专利，不能为开发者所垄断，而应全部以合适的价格加以公开。因为这样一来，对于国家而言，可以避免对同一研究开发进行一而再再而三的重复劳动，对于整个社会而言，也将会推进技术的进步和发展。

不过，即便实现了这种技术的自由化，每个企业还是应该保持开展独立自主开发的姿态。在某种程度上，这将成为企业能否取得成功与发展的关键。

所谓自主经营，就是在企业经营的所有方面都以自我的力量为中心。拥有这样的心理准备，保持这样的基本态势，在此之上，进而对必要的外力加以充分利用，企业经营一定会变得生机勃勃。同时，这种独立自主的形象也一定可以赢得他人的信任，外部力量将会不请自来。这些或许可以被称为理外之理，不过现实社会中确实存在。

15　推行水库式经营

　　企业经营的原则，是无论任何时候都要实现坚实的发展。只要采取正确的经营方式，实现这一目标完全有可能。而为实现这一目标，对于企业而言，拥有"水库经营"的模式非常重要。

　　所谓水库，就是通过截留江河之水加以储存，保证人们不受季节和气候的影响，常年正常使用一定数额的水量，以满足其生活需要。

　　对于经营的方方面面，通过拥有这样的"水库"，保证其在外部环境发生变化的情况下也不为所动，以实现长期稳定的发展，这就是"水库式经营"的理念。水库的种类有很多，如设备的"水库"、资金的"水库"、人员的"水库"、库存的"水库"、技术的"水库"、策划与产品开发的"水库"等等，换句话说，就是带着充足的余量开展经营。

　　先说设备。如果一家企业不是百分之百开足马力运行就要亏损，它的这种经营方式就存在问题。正确的方法是用80%至90%的设备使用率以控制成本，并在生产中保持这一比率。这样一来，哪怕需求突然增大，由于设备上保有余量，增产方面也可应对自如。

再说资金。假设某个项目需要 10 亿日元。此时，如果仅仅准备 10 亿日元，一旦出现意外情况，10 亿日元就可能捉襟见肘。所以，需要 10 亿日元时就要准备 11 亿、12 亿日元。这就是资金的"水库"。

除此之外，还应考虑其他方面，如保持适量的库存以备不时之需；经常性研发下一代新产品以应对产品开发需求。总之，只要拥有这种遍及方方面面的"水库式经营"，即便外部环境发生变化，也可像枯水期时放出丰水期储存的水以防止用水不足一样，对变化做出迅疾而恰如其分的应对。这样一来，稳定的经营便可一直持续下去。

不过必须注意的是，设备的"水库"或者库存的"水库"，与所谓的设备过剩和库存过剩是有本质区别的。本以为一种产品能卖出很多，因此大量使用设备，生产产品。最终这种产品却没有卖动，从而导致产品库存、设备闲置，这些既称不上"水库"，也没有任何其他价值。他们完全是判断失误的负面产物，这样的剩余绝不是应该提倡的。我所说的经营"水库"，是始终建立在对需求准确判断基础之上而事前预留的 10% 到 20% 的余量。

也就是说，单纯的设备过剩和库存过剩是经营上的一种浪费。而与之相对，建立在"水库"概念之上的事物，猛一看也像是一种浪费，但它们却是保证经营稳定发展的后盾，因此绝不是浪费。

建造各种形式的经营"水库"固然重要，但更为重要的是，在此之前还要建造"心灵水库"，以及思考在通过这些"水库"开展经营的过程中有什么是必须做到的"意识水库"。如果以这种"水库"意识开展经营，具体的"水库"内容就会结合不同企业的实际情况被设计出来，任何时候都能够实现稳定发展的"水库式经营"的企业也会应运而生。

16　开展正当经营

　　经营的主体是人。每个人的能力，包括经营能力都有所不同。人不可能像神仙一样全知全能。人的能力自然是有一定限度的。

　　因此，在开展经营，拓展业务时，就要考虑到限度这一概念。要是想开展超越自身能力乃至社会能力限度的庞大业务，很多情况下会以失败告终。那样的话，不仅企业固有的使命无法履行，也会对社会造成负面伤害。由此可见，在不同时期，在自己力所能及的范围内开展经营、贡献社会，也就是开展正当经营，拥有这样的意识非常重要。

　　拓展业务内容，扩大公司规模时，必须准确把握公司包括技术、资金、销售等诸多力量在内的综合实力，在其范围之内行事。对于经营者而言，此时尤为重要的，是正确认识包括自己在内的企业经营队伍的总体实力。

　　我在长期的经营实践中，与很多合作方打过交道。其中，有的企业开始时经营得非常顺利，但随着业务范围的扩大，业绩却停滞不前了。此时，不少企业毅然将业务分割成两块或者三块，原来的经营者自己承担其中的一块，另一块则挑选称职的人选，委托其全面承担经营。这样一来，两块业务都取得了令人满意的发展。

归根到底，这就是其经营者自身经营能力的问题。一个人指挥 50 个人时能够充分施展才干，而一旦随着业务发展需要指挥 100 个人，有可能就超出了他原有的能力范围，所以反而不能取得相应的成效。在这种情况下，要是将公司分割成两个部分，由其掌控其中之一，这就回到了他原有的能力范围之内，因此公司又可恢复活力。

当然，将公司分割成两部分这样的事情，现实中并不容易做到。这时，可以在保持原有公司体制的前提下，在内部划分部门，充分授予不同部门负责人运营权力，使其就像一个个独立的公司那样开展业务。这也是一种方法。

我自己的公司所采用的业务部门制度，就是从这种方法衍生而来的。每当新的业务领域出现，我自己无法逐一照应时，就会挑选出这些领域的合适人选，将从制造到销售的一切经营活动委托给他们操作。通过这种方法，提高了公司整体的经营能力，也达到了增加人员，扩大业务的目的。

由此可见，尽管形式可以多样，但在与经营能力相符的范围之内开展独立的企业运营，进而稳步扩大企业的业务范围，是所有企业都希望的。不过，此时有一点不能被忽视：不同部门的规模问题。当然，不同的人经营能力不同，同时，人的能力是一个逐渐提高的过程，因此，不要采用一成不变的思维模式，最好根据实际情况采取相应的对策。不过，总体而言，找到可以指挥 1 万人的人非常困难，相比之下，找到可以指挥 1000 人的人就容易得多。因此，哪怕是超大规模的公司，相对于每万人设置一个单位，不如每千人设置一个单位更为稳妥，这样的话，在经营中差错更少，也更扎实有效。当然，这并不是说不管什么情况都千篇一律地以千人为一个单位。不过，如果将此作为一种尺度设定下来，合适的人员就比较容易找到，从整体而言，也能够实现稳定的业务发展。

总之，应该切实把握自身及公司干部的经营能力，进而分析包括资金、技术、销售在内的公司总体实力，然后在其范围之内开展经营活动。就是说，不做勉强之事。这就是我一以贯之的经营理念，在任何情况下，它都非常重要。

可以说，这种不勉强自己、在自己力所能及的范围之内拓展业务的方法，有点像乌龟挪步。乌龟前进时一步一步向前爬，乍一看或许非常缓慢。然而，它的步伐却极为扎实，没有停顿，没有后退。尽管看上去慢吞吞的，但等你注意到时，

它已经比兔子先抵达了终点。这就是通往成功和发展的最短
捷径。

17　坚持专业道路

　　企业经营，存在多元化、综合化的道路和专业化的道路。从原则上讲，相对于多元化，我追求的是专业化的道路。当然，这终归只是一种原则性的选择，并非意味着多元化、综合化之路一概走不通。不过，一般来看，无论从哪一方面而言，专业化道路取得的成效都比较大。也就是说，如果要问及不同企业在其拥有的经营能力、技术能力、资金能力的范围内开展经营时，如何才能最大效率地发挥能力，答案是集中而不是分散力量，这样更能取得令人满意的成果。

　　企业经营面临着残酷的竞争。其间，把自己的力量分散到几个不同的领域，以求每个领域都取得超出他人的成功，如果实力达不到出类拔萃的程度，其实是很难做到的。然而，就算没有突出的实力，只要把所有力量全部集中于一个领域，那么，取得不逊于他人的成果是相对容易的。

　　实际上，我们周围有不少企业，尽管规模较小，却始终专注于某一领域，并取得了超过大型综合企业的成果，凭借一个产品打遍天下无对手。

　　实行多元化，拥有多个部门，即便其中某个部门业绩滑坡，也可通过其他部门的成果加以弥补，从而实现公司整体业绩的稳定。这也是一种做法。现实中采取这种做法的企业也不在少数。对于这种做法不能一概否定。不过，要是因此抱有"哪怕一个部门干得不好，可以由其他部门来弥补"的懈怠想法，是极不应该的。同时，这样追求多元化，每个部门是否能够取得比专业化更好的发展，也是个疑问。

　　我依然认为，总体而言，将公司拥有的一切经营能力、技术能力、资金能力全部集中于一个领域，以求树立自身在该领域的常胜形象，实为上策。为此，哪怕现在开展着两个领域的业务，在有些情况下，也应该考虑大胆地放弃一个而专注于另一个。

　　不过，话虽如此，在实际经营之中，有时社会上会希望你继续开展两个领域的业务。此外，就算你专注于一个领域，与之相关联的新领域也可能接连出现。因此我认为，新领域的业务都可以开展。不过，此时有一点很重要，就是每项具体的业务都要以较高的专业性、独立性的姿态去开展。也就是说，把每项具体业务看作由不同的独立公司所开展的，或者以一种类似的形态开展的业务。因此，不同的部门应该永远追求在自己的领域一马当先的目标，所有的领域都将作为独立的经营主体取得自身的成果。

这样一来，企业即便从形式上看是综合经营，但内容上却是专业化、精细化，宛如一个个专门的独立公司的集合体。

不过，在现实之中，这样的综合经营在每个领域取得的成效往往比不上独立的专业公司。因此，无论是思维模式，还是实际经营，都必须树立和提高独立意识、将经营主体置于不同部门之中的深刻理念。

18 培养人才

人们常说"人才是事业的根本"，确实千真万确。任何经营活动，只有获得合适的人才才能取得发展。无论一家企业拥有多么辉煌的历史和传统，要是没有能够将这一传统正确地加以继承并发扬光大的人才，势必日渐衰微。经营的架构和方式固然重要，但运用它们的依旧是人才。无论架构多么缜密，方式多么领先，要是没有能够发挥其作用的人才，就没有任何成效，进而企业的使命也无法履行。可以说，企业能否为社会做出贡献，同时自身取得欣欣向荣的发展，所有的关键，都在于人才。

因此，对于业务经营而言，首先必须做到的是追求人才、培养人才。

在公司规模还很小的时候，我经常对员工这样讲："你们去走访客户时，要是对方问起：'你们公司是生产什么的？'你们应该这么回答：'松下电器是生产人才的。当然，我们也生产电器产品，但在其之前，我们首先生产的是人才。'"生产优良产品是企业的使命，但为了履行使命，首先必须培养出与之相适应的人才。我的意思是，只要拥有了这样的人才，自然也就拥有了优良的产品。当年由于自己年轻气盛，所以才说出了这样的话。不过，抛开自己当时说的话是否合适不谈，这确实是我一以贯之的经营理念。

说到如何才能培养人才，方法多种多样。其中最为重要的，是企业要始终坚持"我们为何生存""我们又应该如何经营"的基本意识，换言之，就是要拥有正确的经营理念和使命观。一旦这种企业应有的基本意识和方针清晰明确，无论是经营者还是管理监督者，不仅可以在此基础之上实施坚强有力的指导，所有人还能由此明辨是非，人才培养也就水到渠成。如果做不到这一点，对于下属的指导往往缺乏一贯性，容易被当时的形势以及自身的情感所左右，人才培养也就变成了一句空话。因此，经营者若想获得人才，其先决条件，首先是自己必须拥有坚定的使命观和经营理念。

要对员工经常灌输这一思想，使之渗透到员工的意识深处。所谓经营理念并非单纯的纸上谈兵或其他什么，只有当它成为一个人身体的一部分时，才能变得鲜活动人。因此，必须利用各种机会，反复向员工灌输。

在简单进行理论说教的同时，经营者还要在日常工作中坚持正确主张，纠正错误言行。从个人情感而言，总是提醒、斥责他人是任何人都不情愿做的，都希望回避。然而，企业是以贡献于社会为使命的公器，其间开展的业务也是公共之事，而不是私人之事。因此，从公共立场出发，对于那些不能忽视、不能容忍之事，必须进行提醒和斥责。这样的提醒和斥责并非出于私人情感，而是基于使命观的需要。只有经历过这种严格的体验，被斥责的人才能觉醒，才能成长起来。必须牢记的是，遇事沉默不语，对下属而言乐得逍遥，对经营者和上司而言也乐得轻松，但这种懈怠的做法对于人才培养而言，却是有百害而无一利。

同时，还有另外一点不能忘记，就是下决心对部下委以重任，使其在自己的职责与权限范围内成就拥有自主性的工作。培养人才，归根到底是培养懂得经营的人才，培养哪怕再细微的工作也具备经营感觉的人才。为此，工作中不能只是简单地发号施令，那样培养出来的只会是按令行事之人。还是应该将工作大胆地交由他们承担。这样一来，他们就能主动进行各种思考和探索，内在能力可以得到充分施展，最终成长起来。我们公司的业务部门制度就是这一做法的一种体现。我通过自身实践，深感它在培养人才方面具有很大的优势。除了业务部门这些经营体之外，在每一项具体工作，也可以说是全部工作之中，我一直坚持这样的做法，主张这样的做法。这就是我的经营之道。

当然，即便在工作上委以重任，但在基本方针上仍需严格把关。要是随意放任自流，每个人就会按照自己的设想行事，公司将陷入混乱之中。授其权限，必须基于一定的基础。这从另一方面验证了企业的基本方针，也就是经营理念的重要性。每个人在经营理念指导下自主开展工作，经营理念才能成为现实。

在人才培养上尤其需要注意的是，不能认为只要工作能力突出、技术手段精湛就万事大吉了。工作能力和技术手段非常重要，此方面的优秀人才自然不可或缺，但与此同时，还要注重培养自身素质出色的人才，也就是培养优秀的社会人。工作技能尽管出色，但作为社会人却有所欠缺，这样的产业人在今天是不受欢迎的。尤其是随着从单个企业到整个日本社会都不断参与到国际化进程之中，优秀的社会人更显得重要。

培养这种社会人所需的礼仪教育，原本是家庭或者学校应该承担的。而在今天，我认为企业发挥了极其重要的作用，而且这种作用将会越来越大。因此，必须充分认识到，人才培养最终追求的，不仅是优秀的职业人，也是优秀的社会人。

19 做到集思广益

集中全体员工的智慧，这是我作为经营者始终如一的心得，实践中也是一以贯之的。经营中，全体员工的智慧越是能发挥作用，就越有利于公司的发展。

我之所以以集思广益为原则，一方面是由于我自身并没有太多的知识和学问，因此，无论开展何种业务，势必都需要与大家商量，集中大家的智慧。可以说，这也是出于需要。

不过我认为，即便是学识渊博、技艺精湛的人，这样的集思广益也同样非常重要。如果做不到这一点，就无法取得真正的成功。

之所以这么说，是因为无论多么杰出的人，只要他还是一个人，就不可能做到像神一样全知全能。他的智慧一定存在极限。因此，仅仅凭借自己存在极限的智慧开展经营，就会出现许多考虑不周之处，甚至是错误之处，其结果往往会导致失败。所以，就像常言所说的"三个臭皮匠赛过诸葛亮"那样，需要集中众人的智慧。

不过，虽说集中众人的智慧非常重要，但并不是说凡事就要召集开会，或者与人商量。这样的做法固然需要，但这样一来，有可能会出现小田原评定①现象，遭遇紧急情况时来不及应对。因此，当碰到具体问题时一味开会，只能是浪费时间和精力。如果是规模较小的企业，这种做法还有可能，如果是大公司，这种做法根本行不通。

由此可见，重要的不是形式，而是经营者的心态。也就是说，在懂得集中众人智慧重要性的前提下，平日里就注重倾听员工的呼声，同时为其营造自由表达意愿的氛围。如果平日里就做到这一点，那么，即便遇到事情需要经营者一个人做出决策，其中也已经蕴含了众人的智慧。

经营者在工作中集中众人的智慧固然重要，不过与此同时，尽量将工作安排给部下，以发挥其主观能动性，也是发挥众人智慧的一种方法。这样一来，任何情况下都可以最大限度地调动不同员工的潜能，所有人的智慧也就可以得到充分发挥。尤其那些规模较大的企业，即便其整体判断和决策

---

① 评定，在日语中有商讨之意，也是日本历史上北条氏创建的一种议事制度。约 400 年前，丰臣秀吉的军队迫近小田原城。城主北条氏直在城中召集手下重臣，商讨对策。是讲和还是开战，是坚守不出还是主动出击，氏直一直犹豫不决，任凭时间流逝，始终无法得出结论。经过三个月的攻防战，北条军终于屈服于秀吉。"小田原评定"一词由此产生，成为迟迟结束不了的无用会议的代名词。——译注

是最高经营者在集思广益的前提下做出的，但在每项具体工作上，员工的智慧也都在闪光。

总之，尽管具体做法千差万别，但必须一直拥有"一定要集中众人智慧"的心态。一旦拥有这样的心态，就可以摆正态度，做到不耻下问。而另一方面，就算没有请求，员工也会主动贡献自己的才智。

不过，不管出现什么情况，重要的是在集中众人智慧的同时坚持自己的主体性。听到某种意见，觉得所言极是；听到另一种意见，又感到很有道理，每听一种意见都摇摆不定，那么对你而言，聆听意见不消说是一种负担。在始终坚持自主性的基础上坦诚倾听别人的意见，也就是在坚定保持经营者主导地位的前提下博采众长，这才是集思广益的正确方法。

20　在对立中和谐相处

　　经营中一个极为重要的问题就是劳资关系。要是劳资关系处理不当，不仅会妨碍企业的发展，有时甚至会导致企业的崩溃。相反，如果劳资关系处理得当，反而有助于企业取得成果。因此，从经营方面而言，如何处理与劳动工会的关系，进而与之形成良好的氛围，是非常重要的问题。

　　要做到这一点，作为经营者，首先要对劳动工会的意义及其存在价值有一个基本的认识，在此基础上，追求与其共同发展的目标。换句话说，经营者必须认为劳动工会的存在是受人欢迎的。

　　当然，现实之中劳动工会的形象未必都是受人欢迎的。有时，他们会呈现出一种过激的态势。面对这种劳动工会，认为其难以相处，或者对其无可奈何，从人情来说都是可以理解的。

　　不过，从大的方面来讲，劳动工会的存在，无论对于企业还是整个社会，可以说都是非常有利的。在欧美资本主义初期，劳动工会原本是抑制资本家专制、提高劳动者地位和福利的产物。通过劳动工会的活动，实现了劳动者乃至全体国民生活水平的提高，整个社会也随之取得了发展进步。要是完全没有劳动工会，劳动者利益缺少代言人，经营者就算再处心积虑，他们也容易给人造成专制独裁的印象，劳动者的生活、福利也提高不到现在的程度，今天的社会发展也会成为无稽之谈。

由此可见，首先必须认识到，劳动工会不仅对于劳动者个人而言极为重要，它的存在以及它开展的正当活动和健康发展，对于企业和整个社会而言，都是能够发挥正能量的，都是受人欢迎的。

在对劳动工会拥有如此认识的基础上再谈如何与之相处，我认为其重要的一点在于"对立与调和"。也就是说，企业与工会需要经常处于一种在对立中谋求和谐的状态。

仔细想来，宇宙之中的万物不都是处于这种在对立之中和谐相处的状态之中吗？不同的事物拥有不同的个性特征，相互之间都在强调自我的重要性。这就是对立。因此，可以认为月亮与太阳是对立的，山川与河流是对立的，男性与女性是对立的。然而，万物之间并不仅仅存在对立，而是在对立之中相互调和。这就形成了自然界和人类社会应有的秩序。

由此可见，对立和调和是一种自然规律，也是社会应有的形态。因此，劳资关系遵循这一基本形态，是比较理想的。对于经营者而言，企业的中心是不断履行其社会使命、拓展业务范围。相对而言，劳动工会的主要目的是提高从业人员，也就是其成员的地位和福利，以及劳动者的责任意识。因此，围绕着如何确定薪酬和其他劳动条件，双方自然会产生对立。对于劳资双方固有的使命而言，这是理所当然的。

不过，劳资双方由此而始终处于对立状态，不仅妨碍业务的开展，企业也无法充分履行其使命。这样一来，从业人员的福利也无法得到提高。因此，重要的在于劳资之间一方面需要存在对立，而更主要的是要实现协调。

可以认为，尽管企业与劳动工会之间在具体的利害关系上存在对立，但大体而言，他们的利益诉求原本是一致的。要是没有企业的发展，劳动工会所追求的员工福利的提高就永远无法实现。同时，要是员工的福利不能得到提高，他们就不会有工作积极性和劳动创造性，企业也就不能实现真正的发展，尤其是日本还是一个以终身雇佣制为基础的国家。同时劳动工会也是以企业为单位建立的，这一情况就更为突出。假如经营活动走入死胡同，导致企业破产，其员工的生活必将面临极大的威胁。

总之，企业与劳动工会的目标是一致的。不过，他们的工作重点却各有不同。在不同点上维持对立，在相同点上进行合作与调和，这对于双方而言都是有利的。因此，经营者必须主动意识到对立与调和的这一关系，诚心诚意地向劳动工会和员工进行说明，以营造出令人满意的劳资关系。

与此同时，还有另外一件事情不能忽略。这就是劳资之间力量平衡的问题。双方的力量势均力敌，是比较理想的状态。双方从各自的立场出发，或许都希望加强自身实力，以使本方的主张能够压倒对方。但在现实中不应如此。因为这样一来，某一方可能一时占了便宜，但会造成实力较强一方变得专横霸道，导致较弱一方要么反戈一击，要么意志消沉，最终出现不能令人满意的结果。

劳资关系就如同车子的两个轮子，要是一个轮子大另一个轮子小，车子就无法正常前行。所以说，两个轮子必须是一般大小。比较理想的是，如果一方实力强大时，主动借力给另一方，帮助其共同发展。通过实力对等的劳资协商在对立中实现协调，可以营造出良好的相互关系，也可促进社会的发展和员工福利的提高。

21　拥有一颗素直之心

经营者推进业务的必备心态有很多，其中最为根本，同时被我自己一直信奉并实践的，是拥有一颗素直之心。经营者只有拥有素直之心，前文所阐述的所有经营之道才能变得平坦宽广，而缺乏素直之心的经营则绝不可能实现长久发展。

素直之心，换句话说，就是没有束缚之心，即不被自己的利害、情感、先入观所束缚的原样看待事物之心。人心若有束缚，就看不清事物的本质。这就如同透过带颜色的，或者球面的镜片看东西。如果镜片的颜色是红色的，那白纸也会被看成红的；如果镜片是球面的，笔直的棍子也会被看成是弯曲的。这样一来，事物的真相或者真实的形态就无法被准确把握。因此，若以束缚之心来对待事物，不容易做出准确的判断，采取正确的行动。

与之相对的，所谓的"素直之心"，就是看东西时心中没有这些颜色或者球面的镜片，这样看到的东西，白色的就是白色的，笔直的就是笔直的，所有东西都能呈现出原来的形态，事物的真相或者真实形态就可以得到准确把握。如果以此种心态待物行事，无论遇到任何情况，都可以少走弯路。

经营之中，只要顺应天地自然之理，倾听世间大众之声，广集内部员工之智，做该做之事，就一定能够成功。从这个意义上讲，经营并非难事。不过，为了使这一切成为可能，经营者需要拥有一颗素直之心。

所谓遵循天地自然之理，前面已经说过，就如下雨时打伞这样简单。雨天打伞极其自然，这就是素直之心。要是赌气就是不打，一定是因为心中被某种事物所束缚。这样一来，身体就会被淋湿，经营也无法开展了。

虚心倾听世间大众或者下属之心声，也是拥有素直之心的体现。要是被"只有自己正确""自己才是老大"的心态所束缚，别人的意见就听不进去，集思广益就成了一句空话。这样一来，只能凭借自己的一点小聪明去搞经营，失败的结局必将无法避免。

以素直之心看待事物，就能看到事物的真相。在此基础上，也可明白什么该做，什么不该做。而该做的就做，不该做的坚决不做的真正勇气也会由此产生。

与此同时，宽容之心、悲悯之心也将相伴而生，经营中的一切人与物都可发挥相应作用。这样一来，无论环境如何变化，经营活动都可应对自如，日新月异的目标也容易实现。

一言以蔽之，素直之心能让人做到公正、坚强和聪慧。而公正、坚强和聪慧的极致可以说是所谓的神仙。因此，虽说人并非神仙，但只要心灵变得越来越坦诚，就可以无限接近于神仙，也就是无论做什么都能成功。经营也同样如此。

不过，话虽如此，拥有一颗素直之心绝非易事。人有好恶之感，有七情六欲。这是人的天性，无法完全将其抹杀。否则，人就不再是人了。

可见，容易被自己的感情或者利害所左右，也是人的一种本性。此外，当今社会学术与知识不断发展，各种主义和思想也应运而生，成为人们心灵的新束缚。因此，心无旁骛，说起来简单，做起来却非常困难。不过，这正是素直之心的价值体现。为了拥有这颗素直之心，必须竭尽所能，努力提升自身的涵养。

那么，如何才能做到这一点呢？方法自然各不相同。举例来说，相传很多战国时代的武将非常敬奉禅学。禅学修行的目的，在于消除自身的私心杂念。这与培养素直之心是一脉相通的。战争也是一种经营，而且是不折不扣以性命为赌注的经营。当这场最为残酷的经营来临时，古代的武将们希望尽最大可能以一种忘我的境界去面对。因此，可以认为他们是在通过禅学培养这种境界。

　　对此，我的观点是这样的。我曾经听说，围棋这东西，就算没有接受老师特别的指导，只要自己能坚持下 1 万盘，就可以达到初段水平。因此，只要抱定拥有一颗素直之心的强烈愿望，每天以这样的心态度过，那么 1 万天，也就是约 30 年后，你的素直之心不也就可以达到初段水平了吗？如果达到了初段，遇事时你就基本可以做到以素直之心应对，从而避免重大失误的出现了。这就是我的想法。每天，我都以这样的心态自我反省，一点一点地丰富自身素直之心的内涵。

　　通过这种方式，可以追求自我认为正确的事物。而涵养、提升素直之心本身，也是所有的经营者，乃至所有人应该具备的极为重要的心理准备。要是做不到这一点，可以说，经营真正的成功、人生真正的幸福就无法实现。如果能将素直之心划定段位的话，我们不妨都以初段为目标。要是能够达到初段水准，本书前面所阐述的所有内容就都能让你有所感悟，有所收获。可以说，素直之心正是所有意义上的经营取得成功的基本保证。

22　经营就是创造

我认为，所谓的"经营"，具有极高的价值。甚至可以说是一种艺术。

将经营比作艺术，或许会有一种奇特的感觉。说到艺术，一般是指绘画、雕刻、音乐、文学、戏剧之类的东西，也就是境界高尚之物。与之相比，有人认为业务经营却是一种充斥着物欲追求的俗事。

不过，要是将艺术看成一种创造活动的话，经营同样是不折不扣的创造活动。好比一位杰出的画家，先在头脑中进行构图，然后将各种色彩的颜料涂抹在雪白的画布上，描绘出一幅精美的画卷。此时展现出来的艺术作品，并不仅仅是单纯的画布和颜料，而且包含着画家灵魂的一种跃动。这就是典型的从无到有的杰出创造。

那么，经营又是一番怎样的情况呢？当一项业务摆在眼前时，首先需要思考布局，制订计划。在此基础之上，筹集资金，建造工厂，添置设备，召集人才，开发产品，然后进行生产，使人才各尽其用。其过程就如画家作画一样，可以说都是连续性的创造。确实，仅从形式上来看，这似乎仅是生产商品的过程，但其中同样跃动着经营者鲜活的精神。从这个意义上说，经营者的工作与包括画家在内的所有艺术家的创造活动有着同样的轨迹，因此可以说，将经营看成艺术创造，确实名副其实。

而且，经营的过程相比艺术更为复杂多样。就说其涉及的领域，便不一而足。有进行研究开发的部门，有在其基础上进行生产制造的部门，有进行成品销售的部门，有采购原材料的部门，除此之外，还有财务及人事这样的间接部门。这些不同的领域，在经营中都开展着创造性的活动。而把这些领域统领、整合在一起的经营，更是一项伟大的创造。

由此可见，虽说经营也是艺术，但它并非如绘画或者雕刻那样，是一种单一的活动，而是像绘画中包含着雕刻、音乐中附带着文学一样，可以看作是一种涵盖了各种领域的艺术综合体。

同时，经营并不是一成不变的。经营所处的社会环境、经济形势，时时刻刻都处于变化之中。必须根据这些变化，不断领先一步下出先手棋。一幅绘画画完就可以算作完成，而经营却不是这样。经营永远没有完成的时刻，它会一直生成发展下去。而这一过程自身便可称作一件艺术作品。从这一意义来说，经营就是鲜活的艺术综合体。

不过，并不能因此就将经营置于其他艺术之上。艺术是陶冶人类情操、丰富人们精神生活的高贵之物。我只是希望表明，经营也同样拥有可以与之相提并论的极高价值。

当然，艺术是一个统称，其作品的价值各不相同。无论绘画、文学，还是音乐，既有可以深深打动人们心灵的艺术性极高的名作，也有所谓的垃圾之作。尽管用金钱来衡量艺术作品的价值未必合适，不过，如果将其作为一种尺度，那么，同为绘画作品，有的动辄 500 万日元、1000 万日元，甚至几亿日元，有的却连 1 万日元都卖不出去。不仅绘画如此，所有的艺术作品也都是如此。

而相同的情形在经营中也可看到。有的经营如同精美艺术作品一般，内容精彩绝伦，让人叹为观止，有的却如垃圾之作一样，没有任何价值。因此，虽说经营是鲜活的艺术综合体，但并非所有的经营都名副其实。从工厂的设施、生产出的商品，到培养人才的方法、运用人才的方法，甚至财务内容，所有的一切都极为出色，将这一切整合在一起的经营主体，其企业精神或者经营理念，才是熠熠生辉的。这样的经营，才能称得上是艺术。

一幅绘画，根据其水平高低，在价值方面存在很大差异。

经营也是同样道理。不过对于绘画而言，即便垃圾之作，它虽然无法给人以感动，但也不会给人造成不便。但经营方面的垃圾之作就不是这样了，它将会给相关各方造成极大的不便。最为典型的例子就是破产、倒闭，这种经营的败笔给社会造成的伤害不言自明。与之相反，可与艺术品相提并论的经典经营对社会的贡献是极为卓越的。

因此，可以说，那些可称作经营艺术家的经营者，负有比普通艺术家更为重要的创作艺术精品的责任。对于艺术，我是门外汉。不过，我听说艺术家为出人头地所进行的修行是极为严格的。在从事一件作品的创造时，可谓是粉身碎骨般全身心地投入其中。正因为如此，才能创造出流芳千古的艺术作品。

考虑到这一点，必须有这样的思想准备：为了创造出鲜活的综合艺术体的经营名作，需要付出不低于甚至超过艺术创作的卓绝努力。任何人都明白，不付出就想成功，如同幻想不努力就能画出价值几百万日元的名作一样，完全是异想天开。

经营是鲜活的艺术综合体。每一位经营者都要做到充分认识经营的崇高价值，拥有从事这一崇高事业的自豪感，并不断付出与之相称的最大努力。

23　适应时代的变化

　　从基本上来说，正确的经营理念适合于任何时代。归根结底，经营是人类为了自身的幸福而开展的一种行为，因此，既然人类的本质在任何时代都没有变化，那么就可以认为，正确的经营理念也是基本不变的。由此可见，拥有正确的经营理念十分重要。

　　不过，各个时期为反映经营理念而采取的具体经营方针，不仅决不能一成不变，而且必须根据时代的需求而变化。也就是说，要做到日新月异。我们所处社会的方方面面都是发展变化的。因此，企业为了谋求自身的发展，就需要适应社会的需求，率先求变。

　　从昨天到今天，从今天到明天，好的事物层出不穷。昨天被认定为"是"的事物，到了今天，谁也不知道这一结论是否还能继续通用。随着情况的变化，往往会出现相反的结局。

　　就拿拥有悠久历史的老店而言，他们也有经营走入死胡同的时候。这其中的原因，绝非是他们的经营理念出了偏差。

可以说，自创业以来他们在业界一直独领风骚的先进而鲜明的经营理念从来就没有消失过。然而，历经千辛万苦树立起来的经营理念，到了今天，却在具体运用的方针做法方面不再适合实际需要了。不少老店十年如一日般恪守着过去的成功经验。当然，过去的好传统应该坚持，但随着时代发展应该改变的东西，也应该逐一改变。

比如宗教就是一个很好的例证。很多宗教从本质而言，都拥有可适用于任何时代的高深教义。不过，如果将其遥远过去的说教内容照搬到今天，一定不容易被大多数人接受。实际上，其深邃的教义，是通过与现今社会需求相结合的方式进行传播后，才得到了人们的广泛接受。现实之中，像这样将教祖的教义转化为现代表现形式进行传教的宗教团体，正是通过这种方式获得了更多人的同感，争取到更了多的信众。

同样的道理，即便拥有多么出色的经营理念，如果十年之中一成不变地沿用旧法，是不会取得发展进步的。就算一件简单的产品，今天也要求其不断推陈出新。因此，在拥有正确经营理念的基础上，同时需要根据时代的变化，不断调整具体的方针政策，以实现日新月异的目标。这种日新月异，正是正确的经营理念永葆生命力的根本保证。

24　关心政治

当代社会中，企业为了开展真正意义上的正当经营，不能忽视的一点是经营者必须高度关心政治，对政治抱有必要的诉求。

说到政治，或许有人认为，那是政治家的事情，咱们搞企业的，只要考虑如何把自己的业务开展好就可以了。然而，这种想法是错误的。

确实，日本国内所谓的封建残余，或者"政治是大人物的事情"之类的想法异常根深蒂固。特别是战前，这一倾向尤为强烈。我本人的业务中心一直在大阪。事实上，这里就存在"政治是政治，经济是经济。我们只要走好自己的路，干好自己的活就行了"这样的风气。同时，战前政治与经济的关系也异常淡薄，这种现象一直持续至今。

然而，今天的环境发生了极大变化，政治因素开始极大地左右经济活动。例如，说到景气和不景气时，过去一直认为这是一个单纯的经济问题，但在今天，政府可以通过经济政策和财政措施对经济进行某种程度的调控。

　　或者，随着经济行为日趋活跃，道路、机场及其他社会设施需要扩充，不用说，这也是属于政治的范畴。此外，人们常说"事业的成败在于人才"，而为培养人才所进行的学校教育与政治同样关联密切。今天，随着企业的发展，各种许可、认定的重要性越来越大。其中包含的所谓的政治成本对企业经营成本的影响也日益彰显。

　　综合考虑上述情况，可以得出这样的结论。就是说，企业在履行使命、奉献于社会时，一半的任务可以通过其自身经营努力实现，剩下的一半，则为以政治为中心的社会环境所左右。

　　换句话说，作为企业，拥有正确的经营理念，在其内部努力做好诚信经营是必要的。但只是如此的话，并不能保证其经营能够取得充分的成果。只有在其自身内部努力的基础上，加上政治方面所采取的切实的经济政策，以及其他各种措施，企业才能焕发出活力，才能有所发展。反之，政治因素不得当，努力经营也极有可能化为乌有。

　　由此可见，对经营者、经济界人士而言，为完成既有使命而努力从事自身工作固然重要，但仅仅做到这一点，是无法充分履行其职责的。正确的做法是在自身付出努力的同时，关心政治，对政治抱有正确的诉求，以求能够正确发挥其自身经营努力的切实可行的政策出台。这是今天民主主义时代对经营者提出的希望。

不过，一旦经济界人士对政治提出诉求，往往容易被理解为希望对自己的企业或者所属的业界提供某种特殊的便利。但我这里所说的绝非这种意思。这样做会使政治误入歧途，使其为私人所用，因此绝不能允许这种现象出现。我的意思是经济界人士从自身的立场出发，思考利国利民之策，并将其作为诉求向政治提出。

只有这些诉求被切实反映并体现到政治之中，政治面貌才能焕然一新，企业内部也才能焕发活力，其社会责任的履行才能得到更好的保证。

因此，身处今天环境之下的经营者必须铭记，在努力开展自身业务的同时，如果不高度关心政治，不对其抱有切实的诉求，自己的职责就无法充分履行。

后记

　　本书所讲的是实践经营哲学，我通过各种角度，阐述了自己对于经营的思考。其中所涉及的内容，并不是学术研究，充其量只是我自己在经营实践中的亲身体验。从这一意义上讲，书中内容在理论上未必十分贴切。不过，我认为，我所说的，基本上都是正确的，而且是极为重要的。

　　也就是说，如果按照这种思路去推进业务，离成功就不远了。不仅从我自身的体验和见闻可以得出这样的结论，而且我认为，经营本来应该可以沿着这条道路走向成功。

　　不过，这里有一点很重要，就是即便经营理念相同，在此基础上展开的具体的经营方式也可以说是无穷无尽的。因此，不同的经营者应该充分发挥自身特有的经营风格，而决不能千篇一律。如果忽视个人的特性而在经营中一味追求与他人同步，只能适得其反。

　　就拿我自己的经营实践来说吧。我自己的公司内部有着

为数众多的关联企业和业务部门，同时有着与其数量相一致
的经营负责人，也就是总经理或是部门经理。既然同为松下
电器的关联企业和业务部门，它们基本的经营理念自然不能
五花八门，自然需要完全相同。不过，在相同经营理念之下
展开的实际经营活动，却根据不同总经理或是部门经理的特
性而完全相异。假如有 50 位总经理或部门经理，可以说就
有 50 种不同的经营法则。这种情形一直延续到现在。

如同千人千面一样，每个人都拥有不同的特性。因此，
看到别人的方式可行，就也想按照相同的方式去做，这样未
必能够成功。每个人都存在一种与自己特性相适应的最佳方
式。找到这一最佳方式，就是找到了通向成功的捷径。

希望大家从这样的角度来阅读本书。

松下幸之助

视察干电池事业部（PHP 供图）

视察录像机事业部（PHP 供图）

松下
三书

03